二世たちの行く道

中高生のための訓読教材

文鮮明
Sun-Myung Moon

光言社

はじめに

真《まこと》の父母様の天宙的な大勝利により、「天一国時代《てんいちこく》」、「後天時代」が到来し、顯進《ヒョンジン》様をはじめ真の子女様方の勝利を土台として、今、本格的な二世時代を迎えるようになりました。

このみ言《ことば》集は、これまで出版され、好評を博してきた『真なる子女の道』の中から、二世たち、特に中高生の皆さんと深くかかわりのあるみ言を抜粋し、読みやすいように再編集したものです。内容は、第一章　本然の人間と真の人生の道、第二章　子女の責任分担、第三章　祝福家庭の子女たちの行くべき道、第四章　二世の祝福と夫婦の道という構成でまとめられています。

子女教育関係の本は、年を追うごとに充実しつつあります。しかし、二世の皆さん、特に中高生だけを対象にした真の父母様のみ言集は、今回が初めてとなります。訓読時代を迎えて、二世自らが主体的に訓読できる書籍が、このように次々と発刊されていくことはうれしい限りです。

二世とは、正に人類の花であり、摂理の結実です。しかし二世たちが学校や社会生活の中からしみ込んでくる不義と、様々なる不道徳的環境を払いのけて進んでいくには、簡単ではない立場です。ゆえに二世が二世となった背景と、その天的基準を、真の父母様のみ言を通して理解するということは、真《まこと》の二世となるための出発点となります。また、中高生ともなると、「祝福」という文字がだんだんと目の前に迫ってきます。そのような意味で、第三章、第四章の内容も、大切なみ言《ことば》となります。

み言を家庭で中高生が一人で読むことも良いでしょうが、できれば、父母も一緒に訓読し、そこで訓読したみ言を中心として、簡単な会話を交わし合うことができれば、さらに良いと思います。

各御家庭で、二世の皆さんがこのみ言集を手にすることにより、天と因縁を結んだ二世の価値を発見し、その価値によって神様の内的願いと期待に合わせることができる次元の高い生活目標を、各自確立できるよう心から願うものです。そして本書が、二世の皆さんの今と未来を支える、人生における大いなる指標となるよう心から祈念いたします。

二〇〇五年三月吉日

世界基督《キリスト》教統一神霊協会

二世たちの行く道　目次 CONTENTS

第四章 二世の祝福と夫婦の道 167

第一章

本然の人間と真《まこと》の人生の道

第一節　真《まこと》の人間観

1　人間存在の起源と目的

神様はエデンの園にアダムとエバを造られましたが、神様にとって最も貴いものとは何かというと、人間です。

神様が人間を最も貴く思われる、その理由とは何でしょうか。神様は愛の対象を必要とされるからです。神様がどんなに愛をもっていても、愛することのできる対象がいなければ、愛を感じることはできないのです。愛は、相対的関係においてのみ感じます。ですから、神様が人間を最も貴く思われるのは、愛することのできる対象の位置に人間がいるからです。

それでは、その人間が最も貴く思うものとは何でしょうか。それは、神様の愛を最も貴く思うというのです。ですから、神様は人間に相対的愛を、人間は神様の主体的愛を感じます。これが最も貴いのです。

神様がなぜ人間を造られたのかといえば、愛を成就するためです。愛は、神様から始まるのではありません。相対から探し出されるものなのです。

ですから、神様が最高に貴い愛を成就するためには、相対が必要なのです。神様も、相対がいなければなりません。それで、相対を造られたのです。相対を通してのみ絶対的な愛を得ることができるので、神様御自身も相対を探すのです。そして神様も、愛のために生きようとされるのです。

神様は、人間のために存在し、人間も神様のために存在するのです。ですから、真の愛というものは、「ために生きる」ところから始まるのです。本来、人間は、どこから生まれてきたのでしょうか。それは、神様の愛から生まれてきたのです。愛のゆえに生まれたのです。愛が起源なのです。

私たち人間が受け継いだ生命が、先ではありません。神様の愛の理念を通して生命が生じたので、愛が先なのです。愛が根を張ったので、私たちの生命が生まれてきたのです。ですから、人間は愛によって生まれ、愛によって育ち、愛の相対に出会わなければならないのです。神様が一代目だとすれば、人間は二代目ということになるのです。神様が自らの息子、娘を愛するように、その愛を体恤《たいじゅつ》できる立場に立たなければ、神様の前に完全な愛の対象にはなり得ないのです。（一九八六・三・二一）

神様がアダムとエバを造られた目的は、どこにあるのでしょうか。人間の形状を見てごらんなさい。まず体をもっていますね。しかし、無形なる神様には体がありません。体をもっていなければ、霊界や地上世界を治めることはできません。ですから神様が人間の父母として現れるためには、体をもっていなければならないのです。その体をまとって来る代表とは誰かといえば、アダムとエバだったのです。堕落以前の、アダムとエバの体をもって現れるのです。

ですからアダムとエバは、人類の始祖であると同時に、天地を主宰《しゅさい》する神様の実体となるのです。実体をもった神様、すなわち、永遠なる無形世界の神様の形状の代身者として、父母の立場で世界を統治する責任者がアダムとエバでした。

それで、霊界と肉界は何を中心としているのかといえば、霊界の代表は神様であり、地上の代表はアダムとエバなのですが、これが連結されなければなりません。ですからアダムが生きている間、彼のもつ形態は、地上の国の王様なのです。永遠なる王権をもって現れたのです。それで、エバとは誰かといえば、永遠なる王妃として登場するのです。そして、永遠なる王権を代表した夫婦となり、霊界に行って神様の代身としての役割をするのです。

それでは、神の国に、無形なる神様が独りぼっちでいたとして何をするのでしょうか。見えない神様では、何の役にも立たないのです。人間の父母となるには、体を通して感じることができなければなりません。人間と同じ体をもたなければならないので、神様は、アダムとエバを二重的存在として造らざるを得なかったのです。

無形なる神様と全く同じになろうとすれば、霊界に行くまでの一生の間に、心と体が一つになったという基準を立てなければなりません。それができないまま霊界に行ったとすれば、その形状は、神様と一つになれません。実体的王権をもつ父母（アダム・エバ）が無形の父母である神様と一体になり、永遠なる天上世界で実体的王権を顕現させるために、アダムとエバを二重構造で造られました。

神様も、アダムとエバに連結されなくては、地上との関係を結ぶ道がありません。アダム・エバと関係を結ぶことにおいてのみ、アダムとエバの息子、娘とも関係を結ぶことができるのです。そのような本来の基盤が壊れてしまったので、神様が人間と関係を結ぶことが不可能になってしまった、という結論が出てくるのです。ですから、どんなにこの地上に数多くの人間がいたとしても、神様とは関係のない存在になってしまったのです。

2　人間の特権と価値

人間が万物と違う点は、神様の息子、娘として造られたことです。人間は、神様の直系の愛を受け得る対象として造られました。これが人間の特権なのです。

人間は、神様の愛の対象存在として造られたのです。神様は、プラス・マイナスという二性性《せい》相《そう》の主体となっているがゆえに、その主体の前に対象となるプラス・マイナスという形態をもつ物体が必要となるのです。その形態は、主体のすべての性稟《せいひん》に対する相対性を備えもち、愛という本質に必ずぴったりと合い得る相対的形態でなければなりません。それが相対的存在ですが、それが愛でだけ、合うようになっているのです。神様には何の知識も、他の何ものも必要ないのです。ただ愛のみが必要なのです。ですから、愛でだけ合うようにできているのです。

人間が被造世界の中心であるというのは、愛の理想を成すために被造世界を造られた愛なる神様の前に、一番初めに中心の位置に立ち、愛を受け得る特権をもっているからです。それで「人間は万物の霊長である」という言葉が成立するのです。「霊長」という言葉は、神様の相対的愛の圏内を除いてはあり得ないのです。人間特有の価値は、愛の特権をもつことであり、また、全被造世界を代表して、神様の前に一番初めに相対的立場に立って、この宇宙を支配できることです。そういう愛の因縁の位置に同参できる権威をもっているのです。愛を除けば、すべてを失ってしまうのです。（一九八四・七・一〇）

第二節　三段階の人生過程と霊界

1　肉身と霊人体の特性

人間には、三時代があります。同様に動物界にも、水中時代があり、陸地時代があり、空中時代があるのです。すべてが、この三時代を経なければなりません。

ところで、人間が万物の霊長として、すべての被造世界の万物を主管し得る資格をもとうとすれば、水中時代において、どんな存在よりも完全な生活体を備えなければなりません。その次には陸地時代においても、どんな動物よりも最高の資格をもった存在でなければならないのです。

ところが、人間には翼《つばさ》がありません。翼がないのにどうして飛ぶことができますか。しかし人間は、どんな鳥よりも、どんな昆虫よりも高く飛ぶことができ、遠く飛ぶことができなければなりません。

最近は、ジャンボジェット機がアメリカから飛んできます。東京へは十四時間で行くことができます。五千マイルを一回も休みなく飛んで、十四時間で日本に着陸できるのです。

人間の造った機械ですらそうであれば、神様が造られた人間は、それ以上に飛べる存在なのです。鳥よりも、もっと上手に飛ぶことができ、飛行機よりも、もっと速く、瞬間的に地球星《ぼし》を歩き巡ることができるのです。それは、実体である肉身をもってしてはできません。肉身は、どんなに走ったとしても、限界があります。

しかし、人間は万物の霊長であり、また神様は霊的な存在なので、その方と対等な主管圏であるとか、その方と対等な相対的位置に立とうとすれば、その活動舞台も神様と同様でなくてはなりません。光の速度は一秒間に三十万キロメートル走るのですが、それよりも、もっと速く作用し得るのが人間です。それが霊人体なのです。

思いと共に歩調を合わせ、作用できるのが霊人体です。もし、人間が霊人体を備えていなければ、この宇宙を旅行することはできません。人間の目には見えませんが、あの星の国に、神様が何かの仕掛けをしていらっしゃるのです。それが何か分かりますか。皆さんの目にはよく見えないので、分からないのです。それが見えたとしても、砂漠のようであり、何もない所のようなのです。霊的に見れば、どんな仕掛けがしてあるのかが分かるのです。

私たちは、新しい世界の息子、娘にならなければならないのですが、その世界の本家のような素晴らしい家は、どこにあるのでしょうか。それが霊界なのです。

地上がいいなどと思っていますが、それはすべて影法師みたいなものです。しかし、一度あの

世でパスすれば、永遠なのです。（一九八一・四・一二）

2　愛の作用と霊人体の完成

それでは、この世で最も速い作用とは何でしょうか。愛の作用です。この地の果てと、あの地の果てにいる人間同士が互いに愛し合うとすれば、すべてを超えて引っ張り合うのです。愛は、そのような力をもっているのです。

今日、宗教を中心として「その愛を探しなさい。その愛の神様に近づきなさい。そのために心情をもちなさい。祈りなさい」と言うのです。私たちが愛の世界へ接触することにより、神様のすべての愛の作用に同参できるのです。

そうなれば、神様の行く所には、どこへでも飛んで行くことができるのです。そのような完成した愛の実体となって、神様の前に相対的資格をもてば、どうなるのでしょうか。考えることすべてが、即時的に可能になります。そのように霊界という所は、私たちが願うことは何でも補給される所です。愛の内容をもったものはすべて、どこででも供給を受けられるのです。私たち人間は、真《まこと》の愛をなぜ必要とするのでしょうか。神様の本然の世界、理想的なその世界に行き、真の愛を体験した人は、神様が願うすべてのことを即時的に所有できる能力と権威をもつことができるからです。

それでは、その資格は、どこで完成できるのでしょうか。それは、地上で成し遂げなければならないのです。統一教会で言う霊人体を中心として、肉身と一つになる過程において神様の愛の接続点ができれば、初めてそのような位置に立つことができるのです。ですから皆さんは、神様を愛さなければなりません。

どのようにすれば神様の愛を感じられるかといえば、同胞を愛し、世界の人々を愛し、万物を愛するのです。いかなる国の人をも、五色人種のすべてを愛する、愛の心をもたなければなりません。

人間だけでなく、微生物にも、そのような心情で愛せる心があるのです。それが自動的にあふれてくるのです。花が咲けば、その美しい花の色が自然に現れるのです。香りが、「ああ、これは私が何かの香りを漂わせようとして、このようにしたので漂っているのだ」というのではなく、自然に生まれてきたことと同じく、自然に愛の花が咲かなければならず、愛の香りが漂わなければならないのです。

そうなるためには、その愛の花が咲くための栄養素を受けなければなりません。地から栄養素を受け、太陽から栄養素を受けるように、私たちも肉身において栄養素を受け、霊人体を通して栄養素を受けるようになるのです。ですから、生力要素、生霊要素が必要だというのです。

そうなれば、どのようになるのかといえば、私たちが、すべての愛の完備体となることにより、どこへでも飛んでいけるのです。どうです。素晴らしいでしょう？　そうすれば、この太陽系だとか、すべての銀河系の大宇宙世界は、すべて私たちの活動舞台になるのです。

愛する夫がいれば、その夫と共にどこへでも行くことができます。太陽の中心にも行けるし、すべてを通過できるのです。太陽の中心は炎が燃えていて、恐ろしくて行けないと思うでしょうが、炎のまっただ中をも無事に通過できるのです。太陽の中心はもちろん、太陽の東西、四方も、思いのままに通過できるのです。そこで、その太陽の中心にダイヤモンドがあり、ほかに何があるかということも、すべて知ることができるようになるのです。

もし、皆さんが完全な愛の人格を完成できなければ、制限されるのです。四方を通ることができないのです。一つの門を通ったとしても、また次の門を通らなければならないのと同じです。一瞬に東西、四方を巡ることはできないのです。（一九八一・四・一二）

3　愛を追求する目的と第二の誕生

私たちがこれから永遠に暮らせる所とは、どんな所でしょうか。愛の空気で充満した世界です。ですから、この地の上でその愛の呼吸作用を体恤《たいじゅつ》し、それを体得できる人間にならなければなりません。それで、統一教会では、「どんな人でも愛しなさい」と言うのです。

自分を主張する人々は、あの世では地獄へ行くのです。ですから、「ために生きなさい」と言うのです。お互いが、「ため」に与えるのです。他の人と出会ったならば、誰であったとしても喜ぶのです。人間は、愛に相対し得る個性真理体となっています。その真理体の完成形態だけ備えれば、この宇宙全体が歓迎するようになるのです。霊界のどこへ行っても、歓迎されるようになるのです。

皆さんが、もし飛行機などに乗りたくなれば、「７４７機よ、出てきなさい！」と言えば、７４７機が現れます。そして、運転席に座れば、直ちに運転できるのです。そして、飛行機がどんなに大きくても、逆さまになって飛びたければそうなるし、降下しようと思えば降下するし、何でも思いのままにできます。曲芸のような飛行もできるのです。想像もできないようなことも、すべて可能なのです。だからといって、絶対に事故は起きません。

それは、どんなに素晴らしいことでしょうか。そんな素晴らしい遊びを私一人でするのではなく、愛の理想相対と共に生きてみようとするのが、神様の創造理想世界の本然の故郷なのです。皆さん、それが霊界という所だということを知らなければなりません。

ですから地上で、愛を追求しなければなりません。お父さんの愛、お母さんの愛、夫の愛、妻の愛、それらが必要なのです。そうでしょう？　また、それだけではなく、民族的にも愛を受けることを願い、世界万民の前にも愛を受けることを願うのです。あらゆるものの前に愛を受けることを願うのは、最終的に神様の愛を受け得る資格者となるためであり、その訓練過程を経ることだからです。（一九八一・四・一二）

人間が生きることの中で、第一の誕生は、胎中での生活です。第二の誕生は、現在の皆さんなのです。その次に第三の誕生は、神様に帰ることなのです。夫婦が一つになり、世界のすべての人々のためになるときに、私たちは無形なる神様のもとに帰ることができるのです。それは、愛のみが可能なのです。あの世に行くにも、そのような愛の理想の神様を標準として、そこに同化できる訓練を受けて行けば、神様のようになれるのです。神様の友達になれるのです。皆さんはすべて、そのような第三の誕生を経なければなりません。（一九八一・六・二〇）

4　霊界の構造とメシヤの使命

統一教会の信徒たちは、霊界に行く時、誰を訪ねていくのでしょうか。霊界では誰が主人ですか。真《まこと》の父母です。ですから、「真の父母様のいらっしゃる所を訪ねていこう」と言うのです。

それでは、どうしてこの世において宗教を信じ、奉仕して、あらゆる人々のために犠牲にならななければならないのでしょうか。他のために生きなければなりません。他のために生きずに、自己のために生きればどうなるかというと、あの世に行けば、個人を中心として生きた人々は、個人クラブに入るのです。お互いが譲歩せず、けんかばかりするのです。このような個人クラブに入れば、永遠に抜け出せないのです。個人を主として生きてきた人が霊界に行けば、ほかの所に移ろうとしても永遠に越えていけません。

それでは、「神主義」とは何でしょうか。個人主義でもなく、家庭主義でもなく、氏族主義でもなく、民族主義でもなく、国家主義でもありません。天宙主義です。天宙主義の基盤をもった霊界には、個人主義の囲いの中にいる人が入っていこうとしても、入ることができないのです。家庭を主として、「ああ、この世がどうなっても、うちの息子、娘、うちの子たち、うちのお父さん、お母さんしかいない」と言っているような者の圏内に入れば、そこから抜け出る道がないのです。永遠に抜け出せません。そのような塀《へい》を誰かが崩さなければなりません。その中では、自らの主張を通して、家庭を中心にけんかばかりしているのです。

そして氏族主義者は、氏族主義者同士で集まり、他の氏族は必要ないというのです。互いがその間に塀を立てているのです。地上の堕落した人たちの影響を受けて、霊界へ行った人たちは、そのような囲いの圏内で騒いでいるのです。

そのようにして、この塀のために大騒ぎになっています。神様から見ると、人間は堕落してしまってそのような塀をつくっているので、その塀をすべて崩してあげなければならないのです。

では、誰が個人主義の塀を崩してあげられるのでしょうか。この塀をつくってしまったのは父母です。私たち人類の父母の過ちによって塀ができてしまいました。ですから、この塀を崩すためには、人類の父母が再び、祖先の誤ったその責任を身代わりしなければなりません。全人類の父母、そして祖先の資格をもって、個人的な塀を崩してあげ、家庭的な塀を崩してあげ、氏族的な塀を崩してあげ、民族的な塀を崩してあげ、国家的な塀を崩してあげ、世界的な塀、霊界の塀まで崩してあげなければなりません。このような障害となる塀を完全に崩すために来られるお方がメシヤであり、それがメシヤの使命なのです。（一九八一・四・一二）

第三節　真《まこと》の人生の道

1　真の人生の行く道

皆さんは、この数十億いる人類の中の一人です。この数十億の人類は、すべて自己中心には生きられません。ですから、皆さんは、お互いのために生き得る立場の、数十億いる人類の一人一人であるという結論になるのです。

個人を合わせて家庭になるのですが、家庭にも数多くの家庭があります。家庭を合わせた氏族にも数多くの氏族があり、氏族を合わせた国家にも数多くの国家があるのです。そのように、制限された環境に住んでいます。そして、それぞれが文化的背景の違う環境で暮らしているのです。ですから、食べて、飲んで、消化することと同じく、共通的真理を中心として一つに連結できる基準を立てなければ関係を結べない、という結論が出るのです。

それでは、ここで個人から出発して、どこへでも行き、事故も衝突《しょうとつ》もなく、昼でも夜でも、二十四時間、どこにでも通じる門を開け得る内容とは何でしょうか。そこで、どんな立場の態度をとらなければならないのでしょうか。行きながら闘って、ノックダウンされて、踏まれても行くのですか、歓迎を受けながら行くのですか。闘う時には、消耗が伴うし、破壊が起きますが、歓迎する所では、発展するのです。

ですから、ここで知らなければならないことは、自分を中心にして作用しようとすれば悪をもたらすのですが、全体のために作用しようとすれば発展をもたらすということです。全体のために行く時には、あらゆるものが門を開くのです。個人も門を開き、家庭も門を開き、氏族も門を開き、民族も門を開き、世界も門を開き、天国も門を開き、愛の道など、あらゆる道が門を開き、歓迎するのです。

それでは、その道とはどのようなものでしょうか。ですから、統一教会では、このような観点から「『ため』に生きる道を取りなさい。『ため』に生きなさい。人は『ため』に生きるように生まれたのである」という、天理を教えているのです。

では、真《まこと》の人生の行く道とはどのようなものでしょうか。一つの公理として立てられたことは、「『ため』に生きなさい」ということです。それは、どこにでも通じる原則なので、永久不変なのです。「過去も現在も未来も、『ため』に生きなさい」ということなのです。それが、宇宙の法則です。それは人生において、人間が真の姿で生き得る、唯一の法則です。このような真の道があるのです。

ですから、家の中で、家のために生きれば生きるほど主体になるのであり、「ため」に生きれば生きるほど、センターに入っていくのであり、「ため」に生きれば生きるほど責任者になるのです。皆さんの家のお父さんとお母さんが、どうして家の主体であり、中心であり、責任者になっているのでしょうか。お父さんとお母さんは、息子、娘のために、家庭のために、全体のために生きる位置にいるからです。

愛国者も同様です。愛国者とは、誰よりもその国と、その国の民のために生きる人です。

それでは、聖人とはどんな人でしょうか。聖人とは、あらゆる世界万民のために生き、昼も夜も永遠に「ため」に生きようとする人です。また人だけではなく、大自然など、宇宙のすべてのために生きようとする人です。

それでは、このような法度《はっと》を立てられた神様は、どのようなお方なのでしょうか。それは、この全宇宙を通して、誰よりも「ため」に生きる代表的な位置に立つお方なのです。ですから、そのお方に会おうとすれば、「ため」に生きなければなりません。そのお方は、また知識の大王なのですが、「知識をもって来なさい」とは言われません。さらに能力の大王なのですが、「能力をもって来なさい」とも言いません。権力に対する、お金に対する、物質に対する主人であり大王なのですが、「それらをもって来なさい」とも言われないのです。「『ため』に生きればみな、私のそばに来ることができる」と言われるのです。（一九八四・七・一）

2　「ため」に生きることの結果と「ため」に生きる生活

より「ため」に生きなければなりません。より「ため」に生きる人は、責任者になるのです。十人のうち、誰が中心になるかといえば、その十人のために、愛し、生きた人です。その人の所には、十人がみな訪ねてくるのです。「ため」に生きることで主人になり、中心者になり、責任者になるということを知らなければなりません。

国の大統領は、より国のために生きる人です。会社を相続し得る人は、会社のためにより犠牲になって生きている人です。天理がそうなのです。今までは、「ため」に生きることが悪いことだと思っていたのですが、それは、中心者になる道であり、責任者になる道であり、あらゆることを相続するための道だというのです。ですから、「ために生きる」ということの意味をよく知らなければなりません。悪いことではないのです。損害となることではありません。

皆さんが勉強をする時、「私は勉強して、それが何になるのだろう」と言いますが、誰のために勉強するのですか。みな自分のために勉強するでしょう？　しかし、人類のため、神様のために勉強しなければなりません。私を送ってくださった本来の道以上の道を、私は行かなければならないのです。「神様が私を百点に値する者として送ってくださったのであれば、死ぬ時には百一点になって死ななければなりません」と言えば、その人は、神様が「命の手帳」に書いてくださるのです。十人の兄弟の中で、いくら末っ子だとしても、十人の兄弟の誰よりも犠牲になったならば、その末っ子が十人兄弟を越えて、父親の手帳に記録されるのです。

逆に、不平を言う人は、滅びるのです。その人がどろぼうをして、欲張って、何かすべてを手に入れたとしても、子供が浮気をするとか、病気になるとか、事故に遭うとか、どろぼうに遭うとかして、みんな失ってしまうのです。それを神様は、見たくないのです。しかし、「ため」に所有するものは、永遠に保管できるのです。

皆さんが、もし音楽をするようになった場合に、「聴衆が聴いたことのない音色の曲を私は作曲して、聴衆のためになろう。私が千回も万回も練習することにより、歴史上になかった音を出し、最高の理想的音色を聴く彼らの心を、新しい音律でもって覚ますことができるということは、どんなにうれしいことだろう」という心、それが素晴らしいのです。神様が、「ああ、何か見た目には優れたようにも見えないけれど、心は素晴らしいなあ。ああ、私の娘よ、しっかりやりなさい。福を授けてあげよう」と言うのです。（一九八四・六・二〇）

3　「ため」に生きるところに完全なる統一圏が形成される

神様は、独裁者ではありません。神様も、人間のために投入されました。神様は、人間のためにいらっしゃるのです。ですから千年、万年、神様についていこうとするのです。「ため」に生きる天理の宇宙の存在世界の前に、自らが存在位置を維持するためには、「ため」に存在しなければなりません。「ため」に生きることにおいて、東洋と西洋にも通じ、古今にも通じることができるのです。

それはなぜかといえば、神様は今も昔も、東洋でも西洋でも、みな同じ愛をもっているので、東洋も西洋も克服でき、過去も現在も未来も克服できるのです。ですから、いつでも発展することができるし、東洋と西洋を克服するので、東洋と西洋を統一することができるのです。これは愛でのみ可能なのです。

神様の愛を、女性が先に受けたいと思いますか、男性が先に受けたいと思いますか。貴いものを自分が先に手に入れようと自己主張してしまえば、すべてを破壊してしまうのです。神様も「ため」に存在する方なので、個人のために生きる人には相対できません。神様のように全体の、自分よりも大きいもののために生きなければなりません。天地の道理がそうなっているのです。

それゆえ、男性と女性が互いに、男性は女性に、「私が先に神様の愛を占領しようとするのは、あなたのためです」と言わなければなりません。自己主張すれば、問題が起こるのです。そうすれば、あらゆることが解決します。また、女性が「私が先にするのは、あなたのためです。私の大切なあなたのためです」と言う時は、男性も「ＯＫ」、女性も「ＯＫ」なのです。神様も互いに「ため」に生きているのを見た時、「私をつかみなさい。私もＯＫだ」と言うのです。そこで全体が完成するのです。

しかし、自己主張する時には、自己破壊、相対破壊、神様破壊、完全に分離するのです。そこでは、統一的理論は発掘《はっくつ》できない、ということを知らなければなりません。分かりますか。簡単な言葉ですが、重要なことなのです。私たちが理想を探していく最後の段階で、神様の愛と縦的な統一を求めるために、その縦的基準が「さあ、来なさい」と引っ張る業《わざ》をさせるように、互い

に「ため」に生きなければなりません。「ため」に生きるところにのみ完全な統一圏が始まるのです。（一九八九・一・六）

4 「ため」にする位置で万事が解決される

それでは、「統一」という概念とは何でしょうか。「統一」は、神様と一つになるところから始まるのです。神様と一つになり、アダム、エバと一つになり、その次に、あらゆる万物と一つにならなければなりません。

では、どのように統一するのでしょうか。何をもって統一するのでしょうか。握りこぶしで、力で、お金で、権力で、知識ででしょうか。愛を中心とした「ため」に生きる位置で、万事が解決されるのです。真《まこと》の愛を中心として「ため」に生きるところには、悪魔の世界も、天国に再創造されていく、という結論になるのです。

5 愛を受けるには

父母の愛を受けるには、何をすればよいのでしょうか。父母が愛するすべてのものを愛さなければなりません。そうすれば、愛を受けられるのです。家庭で父母からの愛を受けようと願うならば、父母がもっているあらゆるものを愛して、父母の愛を受けなければなりません。それをしないで愛を受けようとする人は、どろぼうです。父母が貴く思うものをすべて勝手に扱う人は、父母の愛を受けることができない人です。

なぜ十七、十八歳の思春期という期間があるのでしょうか。その期間に、父母の愛するすべてのものを愛せるように訓練をするのです。

父母が祖父母を愛するように、皆さんも愛さなければならないのです。また、父母が親戚《しんせき》の人々を愛するように、皆さんも愛さなければなりません。さらに、父母が兄弟姉妹を愛するように、皆さんも愛さなければなりません。そうして、父母の愛を受けるのです。

ですから、神様の愛を受けようとすれば、どうしなければなりませんか。同様です。広さも違いがなく、高さも違いがなく、同じ原則なのです。

国も同様です。その国の君主が愛する土地と、その土地に住む民を愛すれば、君主の友達になれることを知らなければなりません。王妃になれば、王様が愛するように、その国を愛し、王様が好きなものを愛すれば、王様の愛を受けられるのです。

また、夫婦の生活においてもそうです。夫は、妻が好むものをすべて愛して、それから妻を愛する時、妻は、真実に自分を愛していると思えるのです。（一九八四・七・一）

6　神様の愛は全体のために与える愛

皆さんは、神様が生きていらっしゃるということが分かるでしょう？　神様に属するものは何ですか。この万物です。この自然です。その次に、人間です。そうだとすれば、この自然のうちで、あるものは除き、あるものはそのままにしておきたいですか。すべてが必要なのですね。人間のうちで、ある者は除き、ある者は必要だというのではありません。すべて必要であることを知らなければなりません。

私たちは自然を見て、「私には四季は必要ない。春だけ必要であって、夏や秋や冬は嫌いだ」と言うのですが、神様に聞いてみると、「私は、四季のすべてが好きだ」と答えるのです。ですから、嫌でも夏を好きにならなければならず、秋も冬も好きにならなければならないのです。雪の降る冬になれば、神様は、白い雪が世界的に積もるのを見て喜ぶというのです。

いつでも、自然を愛さなければならないのです。また、五色人種すべてを愛さなければならないのです。「私は白人だけが好きです」と、神様はそう言われますか。そうであれば、みな白い服だけを着なければなりません。色のある服は、すべて捨てなければならないのです。色のある服をどうして着るのですか。それは、矛盾なのです。部屋に入れば、色とりどりの物があるのです。ピアノのようなものは、すべて真っ黒なのに、なぜ置いてあるのでしょうか。これもすべて、真っ黒ではないですか。白人たちは、白いものだけを好めば、みな死んでしまうでしょう。その人たちには、真っ暗な夜があっても駄目なのです。

白人が中心になるとは、何なのですか。それは滅びる道です。それは何年続くと思いますか。いくら冬が長いといっても、三カ月しか続きません。永遠なるもののために皆さんは、四季のすべてを好きにならなくてはなりません。ですから、白人だけが好きでは駄目なのです。

青い目に、頭が黄色くて、顔が白い、このような白人たちに注意しないといけないのです。人種戦争が起これば、有色人はみな、総動員して攻撃するだろう、ということを皆さんは知っていますか。

もし有色人種が立ち上がれば、白人たちをみな掃いて捨ててしまう時が来る、と見るのです。「いつまでも白人が世界を支配する」と思っていてはいけません。神様も、そんなことは思ってもいないのです。一時は世界を愛し、人類を愛する人たちであったので、神様が一時それを許されたのであって、白人を主として世の中を思いのままにし、世の中を支配しようという考えは、神様が絶対に許さないのです。

神様の愛は、神様のすべてを愛し、全人類を愛するだけでなく、過ぎ去った過去、現在、未来のすべての人間を愛する愛なのです。地獄へ行った霊人たちまでも、解放してあげる運動をする神様であることを知らなければなりません。ですから、人間は真理の道を行かなければならず、生命の道を行かなければならず、愛の道を行かなければならないのです。いくら偉大であっても、「ため」に生きる基盤がなければ、すべての人はついてきません。このように、「ため」に生きる人が自然と主体になるのです。真《まこと》の生命の人になるというのです。（一九八四・七・一）

第四節　本性《ほんせい》の道

1　若い時に人生の目標をはっきり立てる

皆さんが自分の現在の位置が分からないということは、船が航海する時、緯度や経度が何度であるのかも分からずに航海するのと、ちょうど同じことです。自分がどのような位置にいるのかを知り、自分の方向を正確に知らなければなりません。

「私は何をすべきか」という観をもたなければなりません。二十代になっていれば、二十代の観をもって、「私はこういうことをするのだ」と決めて、一生涯をそのように努力していけば、その人は歴史的な人物になるとか、何かを残せる人になるのです。人の目を気にしながら、環境に拍子を適当に合わせて生きようとする人は、流れていってしまうのです。自分がどんなことをするのか、しっかりと決めたのちには、どんな難関があっても、その目的のために闘っていける勇気がなければなりません。それらを嫌だと思わないで、すべて消化できる肝《きも》っ玉がなければなりません。

世の中のすべてが競争です。そこから脱落しないためには、自分自らが失敗せず、一年を失わず、一カ月を失わない確実な道を行かなければなりません。それを、どのように行くのかということも競争なのです。一年遅れれば、ついていけなくなるのです。一年遅れてしまえば、家庭では既に赤ちゃんが生まれて、すべてに一足《ひとあし》遅れてしまいます。弓を引くのと同じことです。同じ力で矢を弦《つる》に掛けて引けば、矢先を頭にして飛んでいくのです。そうでなければ、何倍もの速い推進力が加えられなければなりません。ところが、そのような人はいないのです。

ですから、青春時代の一年をどのように消化するか、ということが一番重要なのです。そして、自分の観をしっかりともって、そこに合わせていかなければなりません。

今から、皆さんが確実な決心をして、自らの体と心を一つにして、行くべき道をしっかりと知り、それをつかんだのちには、二十四時間、寝る時もそのために寝なければなりません。目を開ければ、そのために森羅万象《しんらばんしょう》を、すべて探究し、比較するのです。自分の世界をつくらなければなりません。一つの心、一つの思いで精誠《せいせい》を込めて、そのような世界にしっかりと根を張って、行き来すれば、天下に名を残す男になるのです。（一九八二・一〇・二〇）

2　本心を通して自分の行く方向を決定する

一番大切な時代は、十八歳から二十四歳までの期間なのです。二十四歳までに、完全に自分の全人生を懸ける目標を定めなければなりません。それは、皆さんが修養をし、精誠を尽くせば分かるようになっています。

統一教会の子供として生まれたならば、正しい信仰生活をしていけば自分が何をしなければならないのか、すぐに分かるようになっているのです。しかし、自分を中心として生き、自分の考えを中心として行動する人には分からないのです。船に棲《す》むねずみも、いつ船が壊れるのかが分かり、すぐにロープを伝って船が出港する前に、みな波止場の外に出ていくのです。人間に、それが分からないはずはないのです。

役に立たない空想なんかをしている人には、分からないのです。自分で自分の分野が分からないという事実は、深刻なものです。深刻にとらえて、重要な一生の問題を、天と共に協議しなければなりません。そして、自分自らが環境的与件に適応しなければなりません。それは必ず、自分がしなければならないのです。

皆さんの一生の問題において、専門分野を策定するには、天と談判して、深い自分の本心に問いながら行うことです。自分の素性《そせい》は、自分で分かるのです。自分にどんな素質があるのかが、よく分かるというのです。そして、心が私をどこに連れていこうとしているのか、心の声を聞かなければなりません。方向を定められない船は、誰も操っていくことができません。ですから、誰かが途中まで操っていって、そこでそのまま止まってしまっても、その先を自分で探していける方向性をもたなければなりません。

自分の行く道を探していかなければなりません。お金をもつことがすべてではないのです。お金が必要な時もあれば、また、人として別の道を行かなければならない時もあるのです。ですから、自分の行くべき道は、自分で決定しなければなりません。お父さん、お母さんに相談しなくても、自分自身が、自分の心の深いところで、本来自分のもって生まれた素質とともに和合して、未来の目標と方向を天が提示してくれるようにして、自ら解決するようにしなければなりません。

ソウル大学に入ることは、うまくいっているのかもしれませんが、変に入ってしまえば、十年勉強しても、元《もと》の木阿弥《もくあみ》です。博士《はくし》学位を受けて、卒業するやいなや死ぬことも知らずに、ただ喜んでいれば流されていってしまうのです。

先生は、科学を勉強したのです。科学の勉強をしながら、電気の方面に手を付けたのはなぜでしょうか。大きなことを成そうとすれば、鑑定力がなくてはならず、判断が速くなければならないのです。見えないものを管理することは、宗教にも通じるからです。あらゆる現象世界では、運動するすべてのものにも電気現象を発見できるのです。そういう面から見た時、宇宙構成の作用は、必ず主体と対象の関係でなされているのです。

私たちの良心も同じなのです。生まれた時から既に、自分が生まれた背景をはっきりと知っているのです。これを、自分が判定しなければなりません。そのようなことを判定できなければ、これから大きなことはできないのです。

（一九八二・一〇・二〇）

3　本性《ほんせい》の方向に合わせる

皆さんは、統一教会の運勢によって生まれた人々です。ですから、統一教会の内容と本質に接し得るものをもてば、これからすべてのことがうまくいくのです。昔は、野生の高麗《こうらい》人参を探している人々は、みな霊的なアンテナを立てて、高麗人参がどこにあるのかちゃんと分かって探したのです。そういうことがいくらでもあったのです。それがなぜ必要なのかといえば、そうすることによって、自分が被害を受けることを避け、利益になることにいくらでも連結できるからです。そのような道を探すのです。

そのような素質をもって皆さんが生まれたことを知り、皆さん自身が、二十歳になる前に、自分の行くべき道を選んでおきなさい。そのような心をもっていれば、もし違う方へ行った時も、自分の行くべき道に体が帰ってくるのです。すべて、教えてくれるのです。あすの朝になれば東に行こうと思って、東に向かって寝たとしても、東に行くことが良くなければ、いつの間にか、南に向かって寝ているのです。なぜそうなのかというと、南に行かなければならないからです。体自体が分かっているのです。そのように鋭敏になっているのです。

皆さんもそのような境地に入らなければ、これからは偉大な指導者になり得ないのです。そうしなければ、二世の責任者たちが先生の代わりに立ったとしても、責任をもてないのです。皆さんすべてが、自動的に自分の心霊を検討する時が来るのです。一つの村に十人の人が住んでいれば、三人はみな通じるのです。何を考えているのか、すべて分かるようになるのです。そういう時が来るということを知らなければなりません。ですから、皆さんは今、正しい姿勢で精誠を尽くさなければなりません。

本心が願う道を行くようになれば、宇宙が一つになるのです。それは、弾丸よりも速く、もっと強いのです。そのような何かがなければなりません。

そのような位置に入るようになれば、自分の心と話ができるようになるのです。何かしようと思えば、すぐに答えが出てくるのです。そうなれば、試験問題までも分かるのです。

そのような境地に入れば、自分の行くべき道が分かるのです。すべて行くべき道が確実となり、宇宙のあらゆる作用の力が助けてくれるのです。手を引っ張って試験場へ入るようになると、すぐにすべてのものが協助するのです。そのようになれば、大きなことができるのです。（一九八二・一〇・二〇）

４　心情世界を中心として動く

人は、沈着な心の深い所に、心の落ち着く所があるのです。心の眠る所があるのです。その所まで私の心が入らなければなりません。そこで眠り、起きた時には鋭敏になるのです。そこで雑念を除き、精神を集中すれば、あらゆることに通じるのです。ですから、修養や祈祷が必要なのです。

いつでも、精誠《せいせい》を尽くさなければならないのです。ある時、精誠を一回だけ尽くしておいて利用するものではありません。いつも刀は磨かなければなりません。ですから一回だけではなく、いつでも磨いておかなければなりません。静かに、心の位置をつかんでおかなければならないのです。

そうすれば、皆さんの成すべきことがすべて分かるようになります。良くない考えをもって、若い女性のあとをついて回って、よこしまなことをしてはなりません。皆さんは方向感覚をよくつかみ、それを中心として、それに従わなければならないのです。方向は一つしかないのです。ですから皆さんは、万般の準備をしなければならず、整備をしなければなりません。毎日のように、自分自らが押し出せる推進力をもたなければなりません。それは、自分一人でしても駄目なのです。

十八歳にもなれば、自分がどんな人なのかということが、すべて分かるのです。ですから、いら立ちやすいのです。友人の力が必要になったり、先生の力が必要になったり、神様の力が必要になるのです。

先生も、自分自身が今もっている力よりも大きな、世界的なことをする前には、深刻になります。より大きな力が必要な時は、それをどこからもってくるのかということが問題になるのです。もってくることができない時には、後退しなければならないのですが、そうするわけにはいきません。ですから、祈祷が必要であり、神様が必要なのです。それで、心情の世界が必要なのです。愛の世界は、いくら引っ張り出しても終わりがないのです。物質の世界も、知識の世界も、権力の世界も、すべて崩壊するのですが、心情の世界は無限なのです。それで、心情の世界を中心として動かなければならないのです。

あらゆる存在物は、楕円形《だえんけい》で形成されています。心情の中心へ入ってみなさい。そこでは、無限なる力が伝わってくるのです。それで、九〇度の角度だけつくれば、無限の力を維持することができるのです。

ですから、道を選んで行かなければなりません。精誠《せいせい》を尽くして、世の中のすべての面で、深い心霊世界を体験しなければなりません。なぜかというと、一生涯生きていくために、推進力を無限に補給できる一つの源泉が必要だからです。

精誠を尽くして、自分の行く道を自分で見分けて行くべきなのです。本性《ほんせい》の行く道があるのです。絵に素質のある人は、一見して鏡のような所に、ぱっと画像が現れないといけません。生まれついたものがあるのです。ですから、生まれつきもっているものから出発しなければなりません。そのようなものを捨てて行けば、すべてに失敗してしまいます。（一九八二・一〇・二〇）

5　本性の生活

先生は十六歳の時、深刻だったのです。どこかに行くようになっていても、行きたくない時には行かないのです。もし行ったとすれば、必ず事故が起こるからです。今でもそうです。ですから、怨讐《おんしゅう》の多い世界の中で、今日まで生き残ってきたのです。

皆さん、考えてみてください。偉大な人になればなるほど、困難が多いのです。越えるためには、自分が行く道をある程度選ばなければなりません。誰かが先生に、「先生、大変なことになりました」とか、「何かの問題が起こりました」と言った時、私には、すべて分かっているのです。そうでなければ、これから大きな指導者にはなれないのです。そのために、皆さんは平面的な考えを捨てて、立体的な考えをもたなければなりません。平面は、立体圏内に無限に入っていくのです。

そのようなことがあるので、良心がまっすぐでない人は、いくら偉くても先生の前に来れば、一遍に押されてしまうのです。説明は必要ないのです。

もちろん、知識的な実力もなければなりませんが、霊界など、これからの世界は未知の世界なので、心霊が成長しなければならないのです。（一九八二・一〇・二〇）

6　一番近い先生は自分の心である

皆さんにはこの救援摂理が、どれほど大変なことなのかということが分からないのです。その道は、友人も助けることのできない道なのです。助けてもらってはいけないのです。妻も助けることはできません。父母も助けることはできません。それが、父母の位置であり、アダムの位置なのです。

その時は、先生もいなければ、誰もいないのです。いるのは霊界の天使だけです。本来は天使たちの救援を受けるようになっているのですが、その天使圏なので、その天使圏の救援も受けてはいけないというのです。それは、利用しようとするからです。誰も信じられないのです。神様さえも、正常に相対してくれないのです。神様も試験をして、それにパスしなければ、相対し得なくなっているのです。

人間が神様に背いたので、神様も人間を信じるためには、どうすることもできないことがあるのです。エデンの園で、自由に信じることのできる環境を見捨てた人間なので、不信のこのサタン世界において、信じられる息子を探し出せるとは、考えられない神様なのです。神様が信じ得る立場に立つためには、どんな試験でも、すべて経なければならないのです。

このような真理に立脚した立場で、決心しなければなりません。誰かに強要されてではなく、自分がしたくてしなければならないのです。真実に出会えば、心は動くのです。

ですから、自分の一番近い先生は、誰でしょうか。自分の心なのです。一番親しい友人よりも貴いものが自分の心であり、お父さん、お母さんよりも貴いものが自分の心なのです。それゆえ、心に聞いてみるのです。その心には、神様が入っていらっしゃるのです。その心の声を聞く方法を知らないといけないのです。

ですから、自分の心を明るくしなければなりません。心は、先生よりも優れているのです。心は、永遠なる私の主人です。ですから、よこしまな心をもってはなりません。公的な位置に立つ心をもたなければならないのです。（一九八四・七・一〇）

7　心に同化する生活

愛する心は、いつでも犠牲になろうとするのです。譲歩しようとするのです。与えても、また与えようとするのです。例えば、私にお金が約百億ウォンあって、すべて道の途中で分けてあげたとします。それでも、心は安らかではないのです。世界の人類を助けてあげられなかったからです。お金がもっとあれば、もっと分けてあげたいのです。切りがないのです。ですから、神様の心は測量できないのです。神様の心はどれだけ大きいことでしょうか、どれだけ深いことでしょうか。ですから、自分を誇ることはできません。いくら立派なことをしたとしても、心に聞くと、「もっとしなければならない」と答えるのです。

世の中の人々は、少しでも分かってもらうことを願い、称賛してもらうことを願うのです。しかし、心はそうではないのです。人々は、分かってもらうことを願うのですが、それを分かってもらう日には、それでおしまいになるのです。もし、それが好きになれば、第二段階として高い次元に上がる時に障害が多いのです。なぜ障害が多いかというと、心が願う道は十字架の道なので、たびたび称賛を受けていると、その位置が居心地良くなるのです。尊敬されていると、気持ちが良いので十字架を背負わないようになるのです。第二段階の心の道を行こうとすれば、十字架を背負わなければならないので、それが難しい道になるのです。体が願う道ではないので、行けないのです。

ですから先生は、三十歳近くになる時まで、おなかのすかない日はなかったのです。おなかのすいた人々に同情しながらも、私はおなかのすいた時間を褒《ほ》めたたえなければなりませんでした。おなかのすいた時は、一番深刻なのです。御飯がなくて食べないのではないのです。わざわざその道を行くのです。責任を果たせない人は、思いのままに御飯を食べられないというのです。私が準備する、あらゆる課題を成す前には、睡眠もとることができません。ですから、何らかの違う考えをする余地がないのです。それでも心は、「もっとせよ」と迫るのです。

仕事をする過程で、心が私に教えてくれるのです。心が分かるのです。その人を見れば、その人がどういう人かということが一遍に分かるのです。ですから、自分にとって一番近い先生は誰かというと、自分の心なのです。それゆえ、心を苦しめ、悲しませてはなりません。それは、先生を悲しませることであり、天宙の主人を悲しませることになるのです。心が私の一生の主人です。心を悲しくさせることは、私の一生の主人を悲しくさせることなのです。心が喜び得る道を行かなければなりません。

先生が中学校時代には、学校の掃除をすべてしたのです。私が先頭に立って全校を愛したい心があったので、全校を代表して掃除をしようと思ったのです。そうなると、他人が手助けすることも良くないのです。一人でしたいのです。一人できれいに掃除しようとするのです。それで、他の人が掃除した所を、もう一度するようになったのです。そのように何回かしていると、友達がみな、「それなら、お前一人でやれ」と言うのです。ですから、自然に一人でするようになるのです。その時間は、心と楽しむ時間なのです。この世的に見ると悲しい立場みたいですが、心と友達となる時間なのです。それで、すべて掃除して座って瞑想《めいそう》でもすれば、深い祈祷の場に入れるのです。他の人には分からない深い世界に入れるのです。（一九八四・七・一〇）

第五節　公義の道

1　統一教会の主流思想と真《まこと》の愛の道

統一教会は、何のみ旨をもって進んでいるのかというと、神様を中心とする世界的思想をもって進んでいるのです。ある一民族的思想ではありません。大韓民国を中心とした思想ではないのです。天と地を中心とする、とてつもない大きな思想をもって進んでいるのです。このような、み旨を中心とした思想が主流なのです。

父母を愛することができれば、兄弟も愛することができるのです。また、兄弟を愛することができれば、父母も愛することができるのです。そして父母は、兄弟を愛する者をより愛するようになるというのです。ですから父母を愛することができ、その次に兄弟を愛することができ、その次に親戚《しんせき》を愛することができなければなりません。皆さんは叔父《おじ》、従兄弟《いとこ》、再従兄弟《またいとこ》がいるでしょう。そのような親戚と争うことなく一つとなって、互いに愛し合わなければなりません。

その次には、自分の隣近所の人たちを愛さなければなりません。それがもっと大きくなると、その次は社会が問題となり、その次は国が問題となり、その次は世界が問題になるのです。そのように範囲をだんだん広げていくと、それが広がれば広がるほど、愛がだんだん薄くなり、なくなってしまうというのですが、それでは駄目です。愛は広げていけばいくほど、より強くならなければなりません。行けば行くほど強くなる愛を探し求めていく道が、神様に出会い、神様に通じる愛の道なのです。

今までは愛というと、遠くの人はあまり関係がなく、近くのお父さん、お母さん、兄弟姉妹に集約されていたのです。私の夫であるとか、私の妻であるとか、すべて私を中心とした家庭という基地で実を結んでいたのです。それが、今までの堕落した世の中における家庭だったのです。

ですから、統一教会が他と違うところは、この一点なのです。統一教会の教えは、お父さん、お母さんを愛するように、兄弟姉妹を愛し、兄弟姉妹を愛するように氏族を愛し、さらに民族を愛し、国家を愛しなさいということです。父母を捨ててでも、国家を愛そうというのです。ですから世界を愛するためには、自分の国も捨てなければならないのです。国家を愛するためには、世界までも捨てなければならないのです。より遠く、より大きなもののために、また天を愛するためには、小さな近くのものから犠牲にする愛の道を訪ねていこうというのが、統一教会の主流思想なのです。ところで、その思想は文《ムン》先生の思想ではありません。その思想は本来、神様の思想なのです。

その神様は、どのようなお方でしょうか。自分よりも相対を愛するお方なのです。自分よりも相対を愛して、二人が一つになって、より大きな範囲の相対を愛する運動が、神様の運動なのです。神様の思想は、このような内容が本質的になっているので、神様は最も近い人を悪なる世に送り、世界人類のために犠牲にさせるのです。これが神様の思想なのです。

それゆえ、歴史的な聖人、賢哲たちはみな、この世界で「人類を愛そう」というタイトルを掲げてきたのです。そのような人々は、自分の家庭よりも、国家や世界を愛してきたのです。国家を超えて、世界を愛してきたのです。そして、そこで歓迎されたのではなく、むしろ排斥されて犠牲になってきたのです。（一九七八・一〇・八）

2　善なる人々の行く道

この世の愛は、すべて私の家、私のお父さん、私のお母さんに帰結するのですが、神様の愛は、それを基盤としてジャンプするのです。新約、旧約の教えの中では、大きなものを救うためには、小さなものを祭物《さいぶつ》にしなさいといっているのです。

ですから、善なる道を行こうとすれば、犠牲になりなさいというのです。犠牲とは何かというと、祭物になることです。血と汗を流して、自らを放棄《ほうき》する位置に立つということです。そのことを統一教会では、蕩減《とうげん》復帰の過程を経ずには善の基台を築けないといっているのです。

家庭的善の基台を築こうとすれば、まず氏族の前に家庭が祭物にならなければなりません。また氏族的善の基台を築こうとすれば、民族の前に氏族が祭物にならなければならないのです。民族的善の基台を築こうとすれば、国家の前に民族が祭物になる位置に立たなければなりません。また国家的善の基台を築こうとすれば、世界の前に国家が蕩減復帰の条件を提示しなければなりません。これが、今まで堕落した人類が歩いてきた道と、今日まで神様が成そうとされる復帰摂理の道の、違う点です。

ですから善良なる学生とは、自分のために生きる人ではなく、他の人のために生きる人をいうのです。大義のために、小義に立つ自分を犠牲にする人です。ですから、その差が大きければ大きいほど、善の価値基準が高くなるのです。私が世界のために犠牲になれば、その善の価値は世界的な価値となるのです。そのためには、個人を犠牲にしなければならず、家庭を犠牲にしなければならず、氏族を犠牲にしなければならず、民族を犠牲にしなければならず、国家を犠牲にしなければならないのです。そうしながら、この上なく困難な犠牲の代価を支払ったので、その善の代価として現れた価値が比例して大きくなるのです。

それで、善を追求しようとする人々は、いつも遠い山々を眺めるように行かなければならないのです。ですから皆さんも胸を張って、目を上げて未来に向かって進まなければなりません。そして、未来に対する決意と同じ犠牲の代価を払い得る自分にならなければなりません。

天の善に従おうとすれば、きょうの成功よりも、あすの成功のために耐えなければなりません。そのような人々が指導者になれば、善なる指導者になるのです。未開地のような環境を開拓して、発展的環境として残すことができる人です。ですから、いつでも自分を中心として生きる人々は、悪に近い人であり、公的な神様の思想を中心として生きる人々は、善に近い人なのです。

このように皆さんの友達も、良い友達と悪い友達に分けることができます。自分の利益と自分を弁明する人は、悪人に近いのであり、公的な立場で大義のために弁明し、公的な立場で考える人は、善人に近いのです。日常の生活においても、すべてがそのように分かれているのです。

ある人は自分のために弁明し、けんかをします。その時に、もし自分の意志を思いのままに主張してしまうと、悪に流れていくのです。

闘いにも、二つの種類があります。自分の野望、自分の目的、自分の欲望を満たすために他の人々を犠牲にする闘いは、悪なる側の闘いであり、神様と世界と宇宙を良くする目的のために闘うことは、善なる闘いなのです。悪なる闘いは、先に打って屈服させる闘いであり、善なる闘いは、まず譲歩して包容しようとする闘いなのです。そのような二種類の闘いが一生において、また一日の生活の中で交差するのです。

ですから皆さんも、憤りを感じて、一発殴《なぐ》りたくなったとしても、それを抑えて包容するような心をもたなければなりません。きょうですべてが終わるのではなく、あすは友達になる人であることを知り、譲歩してあげれば、神様も、あるいは誰であっても、どちらが善であるかを判断するのです。寛容で人々を包容する人が、善なる人です。（一九七八・一〇・八）

3　善なる生活の実例

勉強するのは、試験の点数が目的ではありません。私が勉強するのは、誰々に勝つためであるというより、国で一番にならなければならないという観点から勉強しなければなりません。それは、どうしてでしょうか。神様の栄光のためにです。統一教会の栄光のためにです。私たちの先生の栄光のためにです。熱心に勉強すれば、そこに価値があるのです。

寝るのは誰のために寝るのでしょうか。当然、自分たちのために寝るのですが、「私は、お父さん、お母さんのため、国のために寝ます。もし私が病気になれば、大変だからです。国の損害になり、世界の損害になるからです。ですから、私は、国のために寝て、世界のために寝て、神様のために寝るのです」と言えば、そのような考えはいかに素晴らしいことでしょうか。祈るときも、「神様、私は寝ます。私は、あなたのためにあすも仕事をしなくてはならず、あなたのために熱心に闘わなければならないので寝ます。寝てもいいでしょうか」と言えば、神様も「よし！」と言われるのです。そのように善と悪が交差しているのです。ですから、休む時もそうなのです。そのように考えれば、ありとあらゆることが善なる側に収拾されていくのです。

例えば、皆さんがどこかへ行って、水を一口飲む時もそうです。何杯も水を飲みたいほどのどが渇いても、「神様、私は、あなたの代身としてこの水を飲みます」と言って飲むのです。そうするとそれは、自分がのどが渇いて飲んでも、神様の代身として飲んだことになるのです。このようにすれば、神様は「こいつは大丈夫だ。若いけれど、私がずっと記憶してあげなくては」と思われるのです。

また、歌を歌うことにおいてもそうです。天を褒《ほ》めたたえ、自然を褒めたたえ、国を褒めたたえるという思いをもって歌えば、その歌声に山河が耳を澄ませるのです。

　山がささやいて、自然がささやいて、岩がささやいているのです。それは、どんなに神秘的でしょうか。皆さん、いろいろな虫や、せみの声をじっと聴いてみてください。「ジー、ジー、ジー、ジー、ジー」と鳴くのですが、音律が高くなったり低くなったり、調和をとっているのです。また、風が吹く時も、その音をよく聴いてみてください。風が「ヒュー、ヒュー」と吹くときは、低く聞こえてくるのです。そうですね？　こおろぎが鳴くときも、明るい昼間に鳴くときと、夕方に鳴くときと、夜に鳴くときと、すべて鳴き方が違うのです。宇宙は、そのような調和の音律の中で、戯《たわむ》れながら生きているのです。

　その中で、中心は誰かといえば、人間です。女性が歌を歌うと、庭のがまがえるもその歌を聴くために、そっと出てくるのです。そしてふくろうも、かえるも、水の中にいるすべての魚たちも、その歌を聴こうとして出てくるのです。

　ですから、皆さんも音楽の練習をする時には、そのような考えをもたなければなりません。「ああ、私の歌声があの山を越えていくだろう」というように考えるのです。「あの山の向こうまで届かないといけないので、もう少し大きく歌ってみよう」と言って、歌ってごらんなさい。

　遠い山々を眺めながら、あの山の向こうに何があるだろうかと考え、「友達がいて、私の一番愛する人がいて」と思いながら、心を集中すれば霊界と通じて、霊肉が合わさってそれが見えるようになるのです。霊界まで動員されるのです。ですから、この宇宙と関係を結んで善の生活をすれば、あらゆるものが協助してくるようになるのです。（一九七八・一〇・八）

4　率直な人は発展する

皆さんは、けんかしたことがありますか。他の人を見てどうしますか。自分の良心に尋ねてみればいいのです。人間は、率直でなければなりません。率直なことは、あらゆる世界に通じるのです。率直なことは、どのようなことにも通じるのです。もし自分が誤ったとすれば、率直に「誤った」と言えば、そこから発展するのです。善であっても、そのような過程を経なければ発展することはできません。人間は、いつでもうまくいくとは限りません。誤ることもあるのです。それで発展できるのです。

私たちが過ちを犯しても発展できるのは、そこで率直に告白して、悔い改めることができるからです。過ちは悪いことではありません。もし誤ったならば、そこから新しい刺激を受けてジャンプしなければなりません。刺激を受けて善なる方向に飛躍できれば、誤ったことも良いことになるのです。

ですから、人間は、率直でなければなりません。隠そうとする人は、発展できないのです。率直な人は、どこへ行ってもこの宇宙が押してくれるので発展するのです。東洋でも、西洋でも、過去、現在、未来においても、率直な人は、みな友達になれるのです。隠そうとし、自分を弁明しようとし、自分が目立とうとすれば発展もできないし、友達もいないのです。

皆さんに今、一番必要なこととは何かといえば、率直な考えをもつことです。そこで私が一歩踏み出せば、善と悪が決定するのです。十歩行けば、善の垣がだんだんと重なり合って十重《とえ》になるのです。一度流れてしまうと、二重、三重に埋め合わせても、取り返しがつきません。永遠に流れていってしまうのです。ですから、そのような道を行きそうになるときには、指導する先生が必要なのです。「これでは駄目だ！」と言って、気合を入れてくれる先生が必要なのです。皆さんが気合を入れられることは、悪いことではないのです。

気合を入れられて、「先生め、今に見ていろ。今夜、路地で会おうものなら容赦《ようしゃ》しないぞ！」と言う人は滅びる人です。「先生、十年後に会いましょう。その時には、私が先生に教えてあげられるようになります。先生は私から学ぶ人になるでしょう」と言えれば、気合を入れられたことが良いことになるのです。勉強ができないと気合を入れられて、人として扱われず、悔しくて胸がふさがる時、その憤る心を善なる方向に向けると、先生から気合を入れられたことが、金メダルをもらったことよりも、より高価な記念となるのです。このように考える心が皆さんには必要なのです。（一九七八・一〇・八）

5　立派だという基準の段階とその道

学生の本分とは何ですか。勉強することです。勉強が良くできないといけないのです。それでは、勉強する目的は何ですか。立派な人になることです。

それでは、立派だという基準とは何でしょうか。一番目に、自分の家庭で立派であり、二番目に、国で立派であり、三番目に、世界で立派であり、四番目に、神様に「立派だ」と言われることです。必ず三段階あるのです。

家庭を中心として見たとき、皆さんが父母に親孝行することは、子女としての大切な責任なのです。なぜ孝行しなければならないのかといえば、孝行の道は、国家に対する忠臣《ちゅうしん》の道と連結するからです。竹の節のように連結するのです。国に忠誠を尽くす人は、どのように生きなければならないかといえば、世界に対しては、聖人の道を行かなければならないのです。

このように見たとき、たとえ孝行ができなくても、国家に対して忠臣になったならば、その両親は、「お前は私に孝行しなかった」とは言えないのです。父母を捨てて、家を捨てて親不孝をしたとしても、国家の忠臣になった時には、たとえ父母は死んで霊界に行ったとしても、「やあ、お前、本当によくやったね」と称賛するのです。（一九七八・一〇・九）

6　人間最高の完成の標語

それでは、人類の行く道の中で、一番早い道は、どんな道でしょうか。皆さんも、自分がいつ死ぬか分からないでしょう？　いつ死ぬか分からない短い人生において、私たちは、思いもよらない多くの課題を背負っていかなければならないのです。そのような課題が残っている、と見るのです。

ですから、神様は人間に対して、この課題をはっきりと提示しなければならない、という結果になるのです。ゆえに神様は、「誰よりも私を愛しなさい」と言ったのです。

それで宗教の道は、自分の父母を捨てて、家庭を捨てて、国を捨てて、世界をすべて捨ててでも、神様の前に真《まこと》の愛をつかんで出ていくのです。ですから一時は、すべてのことが破壊されるようになるのですが、それがすべてを一瞬に完成できる道なので、歴史もそのような道を擁護して出発したのであり、世界もそのように勝利した人を褒《ほ》めたたえるようになり、国もそのような人を褒めたたえるようになり、家庭もそのような人を褒めたたえるようになるというのです。ですから、「神様を誰よりも愛しなさい」というその言葉は、最高の完成への標語であるという結論になるのです。

イエス様は神様の愛をもった息子なので、誰よりもイエス様を愛すれば、神様と一つになるのです。ですから、「親よりも、妻子よりも、誰よりも私を愛さなければ、私の弟子にはなれない」と言われたイエス様の言葉も、そういう意味があるのです。

このような観点から見た時、神様は短い生涯を生きていく人間に、一番素晴らしい標語と課題を賦与するために、「誰よりも神様を愛しなさい」ということを主張してこられたのです。そうすることにより、誰でも神様の息子になることができるのです。神様の息子になった時は、聖人完成はもちろん、忠臣《ちゅうしん》完成も、孝子完成も可能になるのです。一遍にすべてのことが完成されるのです。このようになれば、家庭的基盤でも勝利した位置に立つのであり、国家的基盤でも勝利した位置に立つのであり、世界的基盤でも勝利した位置に立ちます。

7　真の孝子、忠臣、聖人、聖子《せいし》の道

皆さんは、これからどのような人にならなければならないのかといえば、忠臣にならなければなりません。忠臣とは、どのような人でしょうか。王様のために精誠を尽くす人が忠臣でしょうか。違います。王様のために生きるとともに、国民のために生きる人が忠臣である、ということを知らなければなりません。では、孝子とは、どのような人でしょうか。父母のためだけに精誠《せいせい》

を尽くす人ではありません。父母のために生きるように、兄弟のためにも精誠を尽くす人が孝子なのです。

その次に、聖人とは、どのような人でしょうか。歴史的な聖人とは、世界人類のために今まで犠牲になって死んでいった人です。そして神の息子、聖子《せいし》とは、神様を中心として、世界のために生きようとした人です。世界の人々に対して、神様に対するように生きる人が聖子なのです。聖子は、聖人とは違うのです。

神様が「私の息子である」と言える人は、神様のために生きるように、人類のために生きる人なのです。そのような人が神様の息子なのです。神様は御自分を忘れて人類のために生きていらっしゃる方なので、私たちも自分を忘れて人類のために生きれば、真《まこと》の孝子になるのです。そのような定義を正確に知らなければなりません。私たちは、孝子の道から忠臣の道、聖子の道を探し求めていくのです。聖人の道を探していくのではありません。

ですから、皆さんの家庭の中で、国の忠臣の立場に立つとすれば、忠臣であると君主から指名される人とはどのような人かというと、君主のために生き、国民全体のために生きる人なのです。そのようになると、奸臣《かんしん》は既に伝統が違うのです。自分のために生きる人は、奸臣なのです。逆《ぎゃく》賊《ぞく》なのです。環境がその人を容赦《ようしゃ》しないのです。

そのような内容を中心とした孝子の道理を立て、忠臣の道理を立て、聖子の道理を立てていけば、その国が地上天国となり、このような国で生きた人が、そっくりそのまま天上天国に行くのです。そのように移行していくことが、神様の創造理想だったのです。（一九八四・七・一七）

第二章

子女の責任分担

第一節　準備と基盤、実力と実績

1　準備は歴史の要請

皆さんが知らなければならないことは、人間は現在だけを生きているのではないということです。過去の先祖の時代からずっと生きてきたのであり、今も生きていて、これからも生きていかなければなりません。そして、過去も現在も未来も、いつでも競争しているのです。また、必ず相対がいます。オリンピック大会で、もしチャンピオンになろうとすれば、チャンピオンシップに対し、必ず挑戦してくるのです。歴史過程において、より高い次元に発展するために、それは不可避的な現象なのです。

ですから、いつでも挑戦を受けなければならず、その挑戦を克服する過程を経なければなりません。そうでなければ、より高い発展した世界に前進できないというのが、歴史観においても、社会生活においても、発展の原則である、ということを知らなければなりません。

今まで先生は、とてつもなく大きなみ旨を抱いて闘ってきたのですが、今では世界的基盤が、ある程度築かれてきたのです。その過程において、先生が一番心配することは何かといえば、準備のない人、基盤のない人、よりどころのない人のことなのです。このような人ほど、悲惨な人はいないのです。

どんなに実力があったとしても、その実力を中心に、自分が対社会環境に挑戦し、克服するには、長い期間の準備が必要です。必ず準備が必要なのです。その準備過程を経ずしては、絶対に基盤というものは出てこないのです。

このことは、皆さんの個人生活においても適用されることであり、社会生活、また、国家の行く道や、歴史の行く道にも同様に適用されるのです。人間の一生を考えてみた時に、人間は一生をどのように生きるべきなのか、その準備をしなければならないのです。（一九八四・七・一九）

2　新しい基盤を築くためには準備が必要である

皆さん、青少年時代について考えてみましょう。少年時代から青年までの期間に、皆さんは勉強しますが、その勉強とは何でしょうか。それは、準備をすることです。今日の社会基盤の上に、新しい基盤を築くために準備をすることなのです。

その準備した内容は、新しい環境の中で歴史的伝統基盤となるのですが、それが現在の基盤よりも劣る時には、既成圏内に消化されてしまうのです。既成時代圏を克服できないということです。すべてが既成圏内の基盤の中で消化されてしまい、新しい歴史発展の基盤にはなり得ないのです。

このように考えた時、青少年時代には夢をもち、現在の国家全体を眺めなければなりません。そこには経済分野、政治分野、文化分野、教育分野、宗教分野などの全般的な基準が入っています。この全般的な基準を眺める時、その基盤を乗り越えるには、その基盤を乗り越え得る準備が必要だというのです。

皆さんは成功したいですか。成功は、誰でもしたいのです。では成功するには、どのように生きなければならないでしょうか。それには、まず成功するための準備をしなければなりません。その次に、何をしなければならないかといえば、旧時代の基盤の上に新しい基盤を築くために準備してきた内容を中心に、その基盤を必ず消化できなければなりません。古い基盤を乗り越えなければなりません。それを成さなければ、歴史的な新しい基盤が立たない、というのが宿命的結論です。（一九八四・七・一九）

3　勝利の三つの要件

統一教会は、今何をしているのでしょうか。いつも困難に直面し、迫害を受けているのですが、その迫害の中にあっても、未来のために準備をしているのです。盲目的ではないのです。徹頭徹尾、準備しなければなりません。

では、どのような準備をしなければならないのでしょうか。まず、思想的な準備をしなければなりません。精神力において、他の人々に絶対に負けてはなりません。その次に、努力においても、アメリカの歴史を支えてきた人々と比較して、劣っては駄目です。そのように努力し、準備しなければなりません。その次は何かというと、行動、闘争的準備をしなければなりません。

ですから、まず徹底した思想をもたなければなりません。その次には、努力をしなければなりません。たとえ思想をもったとしても、じっとしていては駄目です。そのように準備された事実の上に、無限に努力しなければなりません。努力をするにしても、自分個人を中心として努力するのではありません。この基盤を乗り越え得る母体、主体性を備えるためには、無限に闘争をしなければなりません。今日、既成世代の基盤となっているすべてのものは、新しい体制を歓迎するようにはなっていません。歴史は必ず、闘争過程を経なければならないのです。闘争過程の中で、滅びたり栄えたりするのです。

では、どのような者が滅びるのでしょうか。吸収される者、消化される者、弱い者が滅びるのです。これが鉄則なのです。これには、誰も異議がありません。ですから、滅びないようにしようとすれば、相手を消化しなければならず、吸収しなければなりません。そうでなければ、生き残ることはできません。敗者としての、悲しく苦い杯《さかずき》を飲まざるを得ないのです。（一九八四・七・一九）

4　世界的な指導者になるには

皆さんは学校へ行って、友達と交わりながらも、勉強することにおいて、友達を消化し、乗り越えることができなければなりません。友達に頭を下げざるを得なくなり、消化されては負けです。皆さんは、学校の先生まで乗り越えなければなりません。

では、先生を乗り越えるには、どうしたらよいでしょうか。それは、先生が教える以上に勉強し、質問することです。そうすれば学校にとっても、先生にとっても、必要な人になります。

皆さんが、どのように準備するかによって、今後、どのような人になるのかが決定されるのです。皆さんの一生で築く基盤において、何を残していけるか、中心的人格が決定される、ということを知らなければなりません。

私たちは、相手に吸収されてはなりません。私たちが相手を吸収しなければなりません。そうなれば、今日の既成基盤の上にいる人たちが、「ああ、私たちは後退する」と言いながら、ストップするのです。後退した位置から、私たちを吸収しようとする人はいないのです。宇宙の運動をつかさどるすべての元素や、自然を構成する世界が、より大きな世界へと発展できれば、継続的に作用するようになるのです。後退して退化すれば、すべてストップするのです。

自然現象がそうなっています。人間も同じです。旧形態と新形態、旧基盤と新基盤を考えてみたとき、飛躍する時にその差異がどれだけ大きいかによって、どんな冒険も克服でき、どんな困難も克服できるのです。既成基盤から新しい基盤に越えていこうとする時に、どんな困難があっても、その困難よりも何倍も大きい飛躍があれば、その困難は自然と消化されるのです。それが指導者になろうとすれば、経済分野においても自立できる能力がなくてはなりません。それがない人は、指導者にはなれません。

その次に、説得力です。指導者は、説得力がなければなりません。説得しようとすれば、相手をよく知らなければなりません。共産主義思想をもっている人を説得しようとすれば、共産主義について知らなければならず、神学者を説得しようとすれば、神学について知らなければなりません。つまらない枝葉のことより、根本を知らなければなりません。

ですから、いつも根本が問題なのです。枝葉ではないのです。勉強をするのも、枝葉だけではなく、根本問題を深く掘り下げて勉強するのです。哲学の根本問題である神様がいるのか、いないのかという問題や、人間関係、生命関係、永生関係を中心とする根本問題の、その確実な定義を求めて勉強しなければなりません。

ゆえに、統一教会の思想をもった人たちはみな、既成社会に出て迫害を受けるのです。それは何かといえば、試験なのです。私が相手を吸収するのか、相手に吸収されるのかという問題、また、消化するのか消化されるのかという問題、前進するのか後退するのかという問題を中心に、試験してみるのです。

皆さんも、世界的な指導者になろうとすれば、世の中をよく知らなければなりません。アメリカを指導しようとすれば、アメリカをよく知らなければなりません。韓国を指導しようとすれば、韓国のすべてをよく知らなければならないのです。（一九八四・七・一九）

5　準備と実力を通して基盤と実績を立てる

今こそ、飛躍できる時なのです。このことをサタンはよく知っています。怨讐《おんしゅう》たちは、よく知っているのです。サタンは一番難しい時、攻勢に出てくるのです。しかし、そこで屈服してしまってはならないのです。

皆さんは、どんな人になるのですか。ピアノだけ上手であればいいのでしょうか。すべてを包容できる基盤を築かなければなりません。そのためには、経済支援をする人もいなければならず、また、環境的与件をもっていなければ滅びてしまうのです。それで、統一教会の人々は、どんなに悪口を言われながらも、経済的基盤、環境的基盤を築いてきたのです。国を包んで、世界を包むために、このような準備をしているのです。そして、内部が弱化した時は、外部を強化して、外部が弱化した時は、内部を強化して平均化させる、というような作戦をしてきたのです。

もし、皆さんに大学を任せたならば、どうしますか。いつでも、そのように考えていなければなりません。「総長は間違った。先生も間違った。自分はこう思う」と、そのような観をもたなければなりません。ですから、準備をしなさいというのです。アメリカの大統領を見た時に、「大統領にできないことは私がする」というようでなければならないのです。

ですから、実力を備えなければなりません。また、実力がいくらあったとしても、努力しなければ駄目なのです。また努力をいくらしたとしても、基盤をつくらなければ流れていくのです。努力して、どうするのですか。社会基盤や世界基盤をつくらなければ流れていくのです。私たちは、一生涯仕事をしていくのです。私たちが努力するのは、国と世界にとって必要な基盤を拡大するためです。

ですから、準備をしなければならず、基盤が必要なので、実力をもたなければならないのです。そして、実力がある人は、実績をもたなければなりません。実績が基盤になるのです。それでは、実力とは何でしょうか。準備時代を経て、実力をもたなければなりません。準備し基盤を整えて、その次に、実力と実績を確実に築くのです。いくら実績があっても、実力がなければ駄目であり、実力があっても、実績がなければ駄目なのです。実力と実績です。そのような基盤が貫く、実績が貴いのです。（一九八四・七・一九）

6　歴史に忘れ去られない誇り

先生は学生のころ、自炊《じすい》をしていました。故郷を離れて、ソウルで学生として勉強をしていた時、一番初めの休みの時には、とても故郷が懐かしくなるのです。故郷が懐かしくて、休みになれば、飛んで帰りたいのです。しかし先生は、故郷には帰りませんでした。一人で自炊をしながら、何をしていたのでしょうか。他の人々は、故郷に帰りましたが、私は、実践時代の準備をするために忙しかったのです。

また、おばさんたちが準備してくれる御飯も、私は食べませんでした。なぜかというと、私の行く道においては、女性なしに一人で生きていかなければならないことを知っていたからです。ですから、私にできないことは何もないのです。服も作れるし、帽子も作れるし、できないことは何もありません。男が一度決心して、それを実践に移す時は、独り暮らしをしながらも、すべてできなければならないのです。私が天地の前に決意をして、もしも死んだとすれば、あとで神様が「お前は死んでしまったが、何でもできる男だった。最後まではできなかったが、お前はよくやった」という言葉を聞くためです。

その時、ソウルは、とても寒かったのです。また、零下一七度や二二度というように、上がり下がりしていた時でした。井戸から水をくもうとして、ブリキのつるべを取ると、手にぴったりとくっついたのです。また、夜には、火をたかない部屋で寝るのです。部屋は、小さなオンドル部屋でした。ねんねこがあったのですが、そのねんねこの模様が一夜にして、体に判を押したようについたのです。また、勉強をしていて、あまりにも寒いので電球を入れて寝ると、皮膚《ひふ》が軟らかくなって傷になったのです。一生涯、そのことは忘れないでしょう。

そしてまた、監獄生活をした特別な期間を、私は忘れることができません。それは、誰にも話すことはないでしょう。しかし、いつもそのことを考えるのです。忘れることができないのです。自分が勝利者となった時、そのような条件で神様の前に誇ることができ、そのような条件で祈祷したその約束が、今日成し遂げられることを願いながら、誰にも話さないのです。ですから、ここに来た人々がみな家に帰ったあとでも、先生にはまだ成すべきこと、準備すべきことがたくさんあるのです。私の行く道は、忙しいのです。一生をそのように生きてきたのです。

そのようにして、皆さんのお父さんやお母さんを祝福してあげました。何ら関係のない皆さんのお父さんやお母さんを集め、八道江山《パルドカンサン》（注：韓半島を意味する）においておじいさん、おばあさんが泣きわめきながら反対する中で、すべての結婚式をしてあげたのです。祝福家庭としてつくり上げたその背後の歴史は、どれほど悲惨だったことでしょうか。皆さんには分からないのです。このような負債は、本当に有り難い天の恩賜《おんし》なのです。このことを摂理史から見た時、神様が今まで韓国の民を訪ねてこられた民族的な福を、すべて私たちに任せられたのです。それだけでなく、世界的な福の基盤として、世界に分けてあげるための福であったことを知らなければなりません。ですから、皆さんが世界を考え、民族を考えるのは、当然なことなのです。そのような歴史が必要なのです。そうなれば、それを子供たちに遺言できるのです。（一九八四・七・一九）

7 歴史に残るものは実績と基盤である

歴史に残るものとは何でしょうか。実力が残るのではなく、実績が残るのです。準備が残るのではなく、基盤が残るのです。これは、学校へ行っても、どこへ行っても同じです。

ですから、話をする時は、ただ単に話してはいけません。実績を話すのです。私たちが講義をする時は、慟哭《どうこく》しながら、感動を与えなければなりません。先生は、草創期には激しい迫害の渦中であっても、血と汗を流しながら説教をしました。そのように、のどが裂けるぐらい説教をして、集めた人々に感動を与えなければなりません。

きのうよりも、きょうの迫害に疲れ果ててしまったとしても、これから行かなければならない道が残っているので、力を投入しなければなりません。力を投入して消耗戦をしなければならないのです。ですから、私はありったけの力を注ぐのです。そうして、引っ張ってくるのです。なぜかというと、実績を残さなければならないからです。

私が今、冒険の道を行くことも、監獄を訪ねていくことも、何のためかといえば、実績を残すためなのです。そのような望みをもって行くので、神様が間違いなく導いてくださるのです。

そこで、どのような人と会うのかも、みな分かるのです。このままでは世界が死んでしまうというので、互いに議論して生かす道が生まれることもあるし、私がそこに行くことによって、新しい世界的基盤を築ける運動が起こるかもしれません。そのように、もっと大きな運動が起こるのは間違いない、という夢をもって行くのです。試練を怖がらず、すべてを消化する度胸をもち、「自分が行くことにより、善を残していこう」と言いつつ歩む人は、絶対に失敗者にはなりません。たとえ死んでも、失敗者ではありません。（一九八四・七・一九）

8　愛の子女として準備しなさい

まず準備が必要であり、基盤が必要であり、実力と実績が必要であることを忘れないでください。これらを、四位《よんい》基台として考えればよいのです。

「何だ、ちょっと遊んでしまえ。夏になれば、他の人々はバケーションに行くのだから、僕たちも遊ぶべきだ」と言うのではなく、「僕たちは休暇《きゅうか》なんているものか。行くべき道に忙しいんだ」と言って打ち消してしまうのです。皆さんは休みになれば、「ああうれしい。先生から解放された」などと言いながら、東に西に飛び回るのですか、穴を掘ってその中に入って準備をするのですか。

皆さんの時代は、汗を流しながら、一年、十年と準備をしなければなりません。先生のような人は、百年の準備をしなければならないのです。機会を逃すことはできません。ですから、神様は仕方なく、皆さんに対して期待をもたざるを得ないのです。それで、私がこの貴重な時間に話をするのです。

先生の代身者として、愛を受ける子女として、準備をしなければなりません。何を願い、何を考えるかによって、他の人々と質も違い、量も違うのです。

「友達がいない」と言うのですが、自然がすべて友達なのです。太陽が私の友達であり、月が私の友達であり、星が私の友達なのです。星を見て話をし、月を見て話をし、木を見て話をし、飛んでいく鳥を見て話をするのです。

「私も、お前たちのように準備をしなくてはならない。お前は一年間準備して、渡り鳥となって大洋を越え、季節を越え、国境を越えて来たのだね。やー、偉いなあ。私も準備して、どこへでも行くぞ！」と言いながら、準備を急がなければならないのです。

御飯を食べる時には、「御飯よ、私が準備するための肥やしになってくれ。消耗する頭脳やすべての細胞に力を補給してくれ。私に悪に対して判断できる正義の力となってくれ」と言いなさいというのです。一度失敗すれば、天地が滅びるのです。

このみ言《ことば》を聞き、皆さんが死ぬ日、ある時に語った先生の深刻なみ言を中心として、人生を反省する時、「ああ、自分は敗者だ」となれば駄目なのです。運命の時となり、目を閉じる時、先生が訓示したみ言を中心として、「ああ、私は準備し、闘争し、実績を残した。その時に先生のみ言がなかったなら、このようにはなっていなかった……」と、このような記念の一日を迎えられる、生涯を誇り得る皆さんとなるように願いながら、お話をするのです。（一九八四・七・一九）

第二節　勉強しながら祈りなさい

1　指導者になるには勉強しなければならない

皆さんは、勉強しなければなりません。勉強して良い学校に行くのは何のためかといえば、良い学校には国家を動かし得る優れた教授たちが集まっているからです。良い学校は、長い歴史をもっているので、いろいろな機関にも同窓生がたくさんいるのです。その基盤を中心として、国家の最高機関とも連絡できるし、社会において、どんな分野に行っても同窓生がいるので、様々な関係を結べるのです。

勉強は、私自身がするものなのです。学校だけではないのです。そこでの風土、環境を習得することが必要なのです。そして、専門分野の術語を理解できなくてはなりません。そのようになれば、今後、より高い次元のことをすべて行うことができるようになるのです。また、参考材料と参考書を探せる能力も、なければなりません。勉強は、(社会に)出ていってからもしなければなりません。直接勉強をすることが、生きた勉強になるのです。

ですから、大学を出たからといって、すべてが分かるのではありません。むしろ、高等学校を卒業しただけで社会に出ても、その分野で三年、四年、五年と活動した人のほうが、実務においてより先に立つのです。しかし、彼らは、初めは先に立っているのですが、大学を出た人は覚えが速いので、簡単に追いつくことができるのです。さっ、さっ、さっ、と速くやれるようになるのです。

なぜ勉強をしなければならないのかといえば、あらゆることにおいて、簡単にできるようになるためです。勉強をしていなければ、頭の回転が良くないのです。ここに一つの線を引いたとしても、そこから全体の円形を描くことができないのです。ですから勉強することが大切なので

す。皆さんは、勉強しなければならないのです。（一九八二・一〇・二〇）

2　決心して努力すること

今、決心をすることにより、皆さんの一生におけるすべての問題が左右されるのです。今、決心したことを、四十年、五十年、六十年の間忘れずに、夜も、昼も、食事をしている時も、休んでいる時も、寝ている時も、起きている時も、そこにすべての力を注げば、その人は、世界的な人物になるのです。

いくら天才的な人でも、大学を出て博士《はくし》になった人でも、頭の七千分の一しか使っていないのです。それだけ頭は膨大だというのです。分かりますか。「私はもう年を取ったので、勉強ができない」というようなことは言わないでください。五十年、六十年、七十年、八十年、一生涯を懸けて、ある一つの分野を中心として、考えて、考えて、考えた時、全体の分野がその頭脳を中心として、その脳細胞を中心としてすべてに反応し、どんどん世界的な舞台へと拡大していくのです。本を読んでも、ぱっと一目見れば、すべてが分かるのです。

ですから、皆さんは今のうちに、「私は善なる神様の息子、娘となり、善なる世界の息子、娘となり、統一教会の勇士となろう！」と決心しなければなりません。そのようにいくら決心したとしても、「私は来年、そのようになれる」ということではありません。三十年、四十年、五十年が過ぎ、皆さんが八十歳になった時に、世界的であり、歴史的な大人物になれる道が、門を開いて待っているのです。

しかも、統一教会の皆さんは、本当に幸福だと思います。ただ、走りさえすれば、果てしなく走れるし、飛ぼうと思えば、果てしなく飛ぶことができるのです。そうできる舞台が、皆さんを待っているので、今こそ決心して、「どんなことがあったとしても、どんな美人や美男子が、邪悪《じゃあく》な誘惑をしたとしても、曲がることなく、四十年を撃破しよう。六十年を撃破して進んでいこう！」という決意をもって進めば、皆さんは歴史的な人物になるでしょう。

そのような基盤は、どこで準備されるのでしょうか。少年時代に決心したことを一生の間、どのような困難があり、家庭が壊れてしまっても、子供が裏切ったとしても、父母が反対したとしても、国が裏切ったとしても、全世界が裏切ったとしても、神様がけ飛ばしたとしても行くのです。そのように生きてみると、世界的な問題の人物として登場するのです。それは、悪い意味で問題の人物なのですか、それとも良い意味でですか。良い意味でです。そのような観点から見れば、皆さんの年代が、本当に貴いというのです。（一九八二・一〇・二〇）

3　陶酔できれば発展する

皆さんは、今が本当に貴い時であることを知って、この時代に決心したことを最後まで実行してみてください。皆さんは、芸術中学校や芸術高等学校に通い、最初に決心したことを最後までやってみてください。ピアノ科の人は手を挙げてください。下ろしてください。次に、バイオリンの人。チェロの人。その次に管楽器には何がありますか。いろいろあるでしょうね。百回演奏しても、千回演奏しても変わらない、神秘的な音を出さなければなりません。楽器を扱う人々は、自分の音の世界に自分が酔わなければならないのです。

いくら眠気が襲ってこようと、その音が一度「ピン」と聞こえたならば、精神がさっと翔《かけ》るように酔える素質をもっている人は、これから発展性があるのです。そのような人は、必ず成功をします。しかし、仕方がなくて、気分のままに、自分が負けないためにする人は、長くは続かないのです。自分のすることに酔わなくてはなりません。そのような素質をもつ人は、間違いなく発展します。その軌道に乗れば、飛ぶようになります。そうでない人は、そこで中止するようになるのです。

芸術の分野に趣味をもった人は、これから酔う方法を知らなければなりません。先生も話す時には、そのように酔って話すのです。バイオリンを弾いたり、ピアノを弾く時に、酔えばもっと早いのです。皆さんが三十分で酔うとすれば、先生は一秒で酔います。そのように感度が速いのです。先生と同じ感度に、皆さんは、どのように到達できるのでしょうか。それには、たくさんの訓練が必要なのです。

また、世界的な名作を作る彫刻家のような人々も、酔って作品を作るのです。決して義務的ではないのです。朝、太陽が昇ることも忘れ、夕方に太陽が沈むことも忘れ、夜になったことも忘れるくらいに酔って作った作品は、名作にならざるを得ないのです。すべてのことが、そうなのです。

先生がみ言《ことば》を語って心霊指導をする時も、いつもみ言に酔うのです。朝になり、夕方になるのも分からなくなるほどです。そうして、必ず真《まこと》の世界に対して、真の相対的存在が自然に現れるのです。これが、自然の理だというのです。そのような人たちは、神秘的な霊的世界の霊人たちが協助することを感じるのです。その世界に入るようになれば、バイオリンのような楽器を演奏するにしても、一人ではないのです。霊界がみな、聞いているのです。そのような境地に入れば、みな成功するのです。（一九八二・一〇・二〇）

4　適性に合う科目を中心として集中的に勉強すること

勉強することにおいては、何が一番おもしろいのか、趣味は何か、皆さん自身がよく分かるのです。

勉強も、自分が一番好きな科目があるのです。その科目は何でしょうか。これは、一人一人が慎重に考えなければなりません。皆さんのような思春期には、みな流行歌が好きなのですね。しかし、「私はいつも流行歌が好きだ」と言うことはできないのです。それでは、つまらなく、流れてしまう人にしかなれないからです。

ですから好きなことも、価値基準から見て、いったい何が好きなのか、ということが問題なのです。少年、青年、壮年、老年を問わず、すべての時代に好きであって、また過去、現在、未来においても好きであるという、そのような基準を中心として「このことが私に合っている。このことが私にはおもしろい」という科目があるのです。そうなれば、その科目を中心として集中的に勉強するようになるのです。

ところで、勉強はどのようにしなければならないのでしょうか。勉強は、自分で定めた目的を達成するためにするのです。もし科学が好きであれば、主に科学に対しての勉強をするのです。全体的にはできなくても、まず科学を専門にして、その次に、自分が必要であれば横的に広げることができるのです。自分の趣味に合わせて広げることができるのです。

今の世の中では、必ず専門科目をもっていなければなりません。まず専門科目を選び、それを中心として勉強するのです。科学であれば、科学の歴史に対して知らなければなりません。昔、どんな人々が科学をこのように発展させてきたのかという科学の歴史と、科学者たちを知らなくてはならないのです。

その次には、現在の科学者たちがどのクラスにいるかを知らなければならないのです。そして、そのような中で自分が下りていく位置に立っているのか、上がっていく位置に立っているのかを知らなければなりません。皆さんは、下りていく位置を捨てて、上がっていこうとする位置に立たなければなりません。そのような位置に立つためには、過去のどの人よりも、現在のどの人よりも、もっと熱心に勉強しなければならない、という結論が出るのです。そのようにして、最高の位置に上がっていかなければなりません。

そのような努力を各分野で行い、世界の先端の道を行くようになれば、皆さんは世界の各分野の素晴らしい人々を、指導できる位置に立つことでしょう。

ですから、皆さんは自分が何を中心としなければならないかを、早く決定しなければなりません。

(一九八二・一〇・二〇)

5 勉強する方法は祈祷と精誠《せいせい》

皆さんが祈祷をして、精誠を尽くすことは良いことです。きのう、お母様がお話しした内容は、子供がきちっと座り、精誠を込めている姿を見ると、恐ろしいというものでした。

祈祷をするとなぜ良くなるのかというと、精神力を集中すれば、観察力が良くなるのです。学校の先生が講義を始めると、次に出る試験問題が分かるようになるのです。試験問題を出そうとしている先生の心が分かるのです。なぜそうなるのかといえば、祈祷することは、アンテナを高く上げることと同じだからです。アンテナを高くすると、小さな音も聞こえるようになります。それと同じです。精誠を尽くす人には、必ず未来の世界が連結されるのです。ですから、啓示や預言はみな、精誠を尽くす人から出てくるのです。

そのように、勉強して、精誠を尽くし、良い点数を取ることは、人類のために、神様のために、全体のためにすることなので、その試験の時には、あらゆる善なる霊人たち、その分野の専門的な善なる霊人たちがやって来るのです。間違いなくやって来るのです。

ですから、精誠を尽くして神秘的な境地に入り、何か文章を書いてみなさい。必ず名文が書けるのです。そのような境地に入ると、絵を描いてもそうなるのです。手先だけで絵を描くのではなく、「この手に、一つの偉大な画家が働いて、私を協助している」と、そのように思って精誠を尽くす中で描けば、名作が生まれるのです。ですから、良い作品をいつも壁に貼《は》っておくのです。

それで、偉大な科学者や偉大な芸術家たちは、必ず霊的に通じるのです。その人たちが精誠を尽くしているので、そうなるのです。ですから、勉強を熱心にしなければなりません。（一九八二・一〇・二〇）

6　勉強する姿勢とは

勉強をする時には、ただ学科の時間に教室に入って座り、勉強することだとは思わないでください。このような科目を中心として、競争することだと思いなさい。なぜかというと、皆さんは、運動会の時のスタートラインに立っているのと同じなのです。勉強の時間になると、世界中の学生たちと共に一つの出発点に立ち、誰が一番速く走るか、という立場に立っていることを忘れてはなりません。

千歩、万歩を走ったとしても、一歩先に立てば一等なのです。わずかな瞬間を得ることにより、一歩で勝負が決定するのです。一時間、二時間走ったとしても、最後の一秒で決定するのです。最後の一秒、最後の一歩は、とても難しいのです。

勝利するためには、数万歩を犠牲にして、数万時間を投入しなければならないのです。そのような時間と、そのような犠牲を投入する時に、悲嘆にくれながら投入するのではなく、喜びながら投入する人は、必ず賞を取れるのです。そして賞を取ったとしても、そこでストップしないのです。しかし、仕方なく賞を取った人は、賞を取ると、すべて後退するのです。趣味をもって成した人は、また走れるのです。賞を取っても、また走れるのです。

皆さんは、高等学校を卒業すると、どうなりますか。仕方なく大学に行くのでしょうか。「ああ、勉強がなければいいのに」と言う人は、大学へ入って卒業をしたとしても、ただ流れていく人になります。知りたいことを知り、やりたいことができるから、早く勉強できるから大学へ入り、そこで勉強する目標を発見できれば、教室の仲間たちを突破していける人です。そのためには、趣味があり、おもしろくなければなりません。精誠《せいせい》を尽くす時にも、おもしろくなくてはいけないのです。（一九八二・一〇・二〇）

7　どのように専攻を決定するか

これもしたい、あれもしたいと、決定できない場合には、まず祈祷をするのです。木でいえば、五葉松の木のように、よく見ると、芽や枝や茎があるのです。成長するすべてのものは、必ず茎を中心として育つようになっているのです。だからといって、横の枝がすべて間違っているということではありません。これは茎を中心として歩調を合わせているのです。

普通、人間は一つだけ素質があるのではありません。二つ、三つ、四つ。このように四位基台《よんい》の原則を通して造られた被造世界であり、人間はその中心となるので、誰でも東西、四方に向かって合わせ得る素質をもっているのです。その中に、茎のような性稟《せいひん》があります。それは自分が祈祷してみると、分かるのです。

落書きをして遊んでいても、自分でも知らないうちに、自分の好きなことを書いているのです。皆さんは、そのような経験をしたことがありますか。また、昔の立派な人たちの中で、私は誰が好きだなどというのは、その人の思想が好きだからです。このようなことを判断して、自分たちでえり分けなければならないのです。

原理の勉強は、誰もがしなければなりません。復帰歴史が残っている限り、復帰の道を行くために、教会で教えることはすべて知らなければならないのです。そのほかに、世の中のことも、私たちは勉強しなければなりません。（一九八二・一〇・八）

8　勉強をする目的

皆さんは、どんな道を探していくのでしょうか。神様を絶対的に愛する道を求めなくてはなりません。神様を絶対的に愛すれば、勉強も、何も、すべてほうり出してもいいというのではないのです。勉強は、なぜするのでしょうか。愛があればそれでいいのに、なぜ勉強をするのでしょうか。あらゆることを捨てても、神様の愛をもっていけばいいのです。そうすれば私は、一人であっても救援を受けられるのです。

しかし、私たちは、大衆を教化できなければなりません。私たちが全体の前に、正しい道を教えてあげる能力を一〇〇パーセント活用できる基盤が成立できなければ、一方向にしか通用しないのです。言い換えれば、私たちが世の中に出ていく時に、神様の息子の資格はもてるかもしれませんが、堕落したこの世界で、あらゆる人々を神様の息子としてつくり変えることはできないのです。

勉強をなぜするのかといえば、私たちのような神様の息子をたくさんつくる必要があるからです。私たちが世界一有名な科学者になれば、科学を通して、いくらでも神様を教えてあげることができるのです。ですから、私たちだけが神様の息子になるのではなく、自分の専門分野で研究するすべての人々を、神様の息子としてつくり変える人にならなければならないのです。

世の中に何も影響を与えられない神様の息子と、全世界に神様の息子をたくさんつくり得る神様の息子と、どちらが神様から称賛を受けられるでしょうか。それは、言うまでもなく、一人で神様のもとに来る息子よりも、全世界に自分のような人をたくさんつくり得る息子を、神様はより願うのです。ですから、愛の道を行こうとすれば、両面の結果をもってくる人が必要なのです。それが神様の願う道であり、私たちの願う道なので、この道を完成させるためには、勉強をよくしなければならないのです。（一九七八・一〇・九）

9　神様の課業と私たちの使命

皆さんは、愛を受ける神様の息子を一人つくりますか、百人つくりますか、数万人の人をつくりますか。その欲望は、神様より深くても、高くても、神様がよしとするのです。「神様、六千年間何をしてきたのですか。この数十億の人類を、一人も神様の息子、娘としてつくれなかったからといって、あきらめないでください。神様、私の手ですべて、神様の息子、娘につくるので見ていてください」と言えば、神様は「この不届き者め！」と言うのではなく、「ふふふ。そうだ、そうだ」と言うのです。その欲望は、天地よりも広く、神様よりも高くていいのです。ですから、熊のような愚鈍な心をもっていても、そのような欲望はいくらでももてるのです。そのような欲望は、悪くないのです。

神様の仕事は何かといえば、全世界の人々を神様の息子、娘としてつくることです。ですから、私たちが神様に代わって息子、娘をつくる仕事をするようになる時、神様は自分のすべてをいくらでも譲られるので、神様の息子の中でも、一番の息子になるのです。息子の王様になるのです。一番の息子になるのですか、一番の娘になるのですか。みんなが「一番！」と言うことは、一番がいいからなのですね。いくらでも一番になりなさい。なれないという法はありません。誰でも、同等の立場において、神様の息子であるという特権を、万民の前に共に授け受けることができるのです。だからこそ、何をするにしても、神様の息子、娘をつくるためには知識が必要であり、能力が必要なのです。一人だけが神様の息子、娘になるのではなく、万民を神様の息子、娘としてつくることを神様が望んでいらっしゃるので、そのために、あらゆる準備条件として、私たちは知識が必要であり、能力が必要なのです。知識を磨くことによって能力がつくようになるので、勉強しなければならない、という結論に到達するのです。勉強しなければなりません。祈祷をしなければならないのです。（一九七八・一〇・九）

10　人生の成功の道を行くためには

勉強も熱心にする反面、祈祷も熱心にしなければなりません。そして、学校に行くようになれば、愛を中心として訓練しなければなりません。自分を中心としてするのではありません。この道を行くためには、怨讐《おんしゅう》を愛さなければならないので、怨讐を愛するための雅量《がりょう》をもたなければなりません。幼い時から、「私は怨讐を愛さなければならない」という心をもたなければなりません。知識の道を磨いて、あらゆることを知らなければなりません。前後、左右をえり分けることができ、上下をえり分けることができ、分別することができなければなりません。

エバは、前後をえり分けることができなかったために堕落しました。前後をえり分けることができ、四方をえり分けることができ、国の抱えているあらゆる問題、世界の抱えているあらゆる問題をえり分けられる知識が必要になることを、皆さんは知らなければなりません。

ですから、そのような知識を勉強しようとすれば、小学校から正常なコースを経なければなりません。中学校、高等学校を経て、大学に行かなければなりません。大学を終えてから、博士《はくし》の道を行かなければなりません。このように行けば行くほどに、良いのです。それで、この時間を短縮して、神様の息子、娘になることと同時に、神様の息子、娘をつくり得る私たちにならなければなりません。このようなことのために生死を超えて、天をつかんで熱心に努力すれば、皆さんが成すすべてのことは、万事うまくいくでしょう。

しかし、神様はあまりにも遠くにいらっしゃるので、本当に神様のために生きていくために、身近な兄弟姉妹を神様の代わりに愛し、お父さん、お母さんを神様の代身として孝行をするのです。そうすれば、その人は、兄弟姉妹の中でも模範になり、家庭の中でも、父母はその人を立ててくれるのです。

今、神様に対することができないので、家庭の中で父母を愛することと同時に、国の主権者を愛するようにすれば、忠臣《ちゅうしん》の道理をパスするのです。分かりますか。その次は、イエス様や聖人たちを、神様の愛をもって愛することにより、聖人の道理をパスするのです。これは、飛躍する道ではなく、正常の道を経て、そのような位置を引き継げるということです。皆さんが、このことをよく知って勉強すれば、勉強する過程で、これらをみな引き継げるようになります。

神様だけを愛するようになると、ジャンピングして、すべてを捨てていかなければなりませんが、そうするのではなく、勉強する過程でそれらを順次的に連結させ得る良い環境にいるので、神様を愛する心をもち、神様の息子、娘の立場に立ち、友達の間で手本を見せてあげ、家庭で手本を見せてあげ、国で手本を見せて、世界で手本を見せてあげることができなければなりません。そうしながら、勉強は勉強としてするのです。

「一挙両得」とか「一石二鳥」という言葉があるでしょう。それと同じ結果をもたらし得る、本当に素晴らしい時代なのです。ですから、このように貴い時代に、いたずらに日々を送ることなく、男性がどうだとか、女性がどうだとかいう考えは、みな捨てなさい。私が決心した勉強の道がすべて成就する時まで、神様の息子、娘の権威を備えて、神様を愛することにおいて第一の旗手となり、その次に、その旗手としてのみ旨を成し遂げる、全体に適応する自分になるために熱心に勉強することです。

熱心に勉強する過程においては、父母の前には孝行して、友人たちには神様の愛で兄弟姉妹の心情を結び、国家と民族と世界の前には、自分のできる環境で大いに忠誠を尽くすことです。そのような立場を逃すことなく、熱心に勉強しながら努力することをお願いします。

そうすることにより、未来に、全世界における基盤が待っているという希望をもち、一生懸命に、喜んで勉強するのです。その次に、内的に孝子、忠臣《ちゅうしん》、聖人の道理を身代わりする準備をしなければなりません。

このようにして、神様の愛する息子、娘となり、さらに神様の愛する息子、娘たちをつくり、神様の前にお返しする皆さんになれば、皆さんは短い人生の道で、どこの誰よりも成功する人になるでしょう。その時には、イエス様より立派な皆さんになるでしょう。孔子、釈迦《しゃか》が問題ではありません。そのようになれる道が皆さんにはある、ということを知って、熱心に勉強することをお願いします。（一九七八・一〇・九）

第三節　責任分担と蕩減《とうげん》復帰

1　神様が人間に責任分担を下さった理由

皆さんは、責任分担を軽く思っているでしょう？　このことをよく知らなければ、歴史は解けません。

なぜ、神様が責任分担を与えたのでしょうか。神様は、人間に責任分担を与えたので、「取って食べるな」と言われたのです。責任分担を与えなければ、造られるやいなや、赤ちゃんの時から愛し合わなければならないのです。思春期がなくなるのです。思春期というのは愛の成熟期間であり、お互いが相対性を知り、活動することのできる作用が出てこなければなりません。

成熟期という期間を経て、大きくなるまで待たなければなりません。女性ならば、女性のあらゆる器官が完成して、四肢五体が完全に成熟し、同じように男性も成熟しなければなりません。ばったであっても、みな成熟してそうしているのに、なぜ人間だけが分からないのでしょうか。自分なりに、勝手に自分の相対を探しているのです。（一九八四・七・一〇）

2　責任分担を中心とした私たちの生活姿勢

皆さんは、「ああ、お父さん、お母さん、御飯を食べたいよ」と言うのですが、それは責任分担を完成した口でもって食べるのでしょうか。その口は責任分担を完成しましたか。この手は、あいさつもしないで、しきりにつまんで食べるのですが、「この手よ、お前は個人の責任分担を完成した立場で御飯を食べるのか」と言わなければなりません。

また、目は、美男子をちらっと見ても、記憶に残り、気になって会いたい思いになるのです。その目に対して、「この目よ、お前は責任分担を完成したのか。お前は、サタンの目そっくりだな」と考えてみたことがありますか。

これからは、原理的に見て、「ああ、私がネックレスをするのは、責任分担を完成した首に掛けるのだ」という考えでなければなりません。ネックレスを掛ける時、「責任分担を全うできなかったけれど、仕方なく、許しを請いながら掛けます。勉強するためには支障があるのですが、多くの人々が変に思うので、仕方なく掛けるので許してください」と言えば、神様は、「うん、そうしなさい」と言うことでしょう。「これをつけて、私のきれいなことを自慢しなくっちゃ」と言うようであってはなりません。

服を着る時も、同じです。皆、どうしてそんなにおしゃれをして来たのですか。女性たちはみな、服を着替えて来たのですか。一番良いものを着て来たのですか。この間、私が約婚をしてあげるかもしれないと、それとなく暗示したからですか。皆さんがどんな姿でやって来るかと思えば、ルージュを塗ってはいけないと言ったのに、なぜ塗ってきたのですか。（きょうは、特別に父母様にお会いする日だからと思ってです）。父母様にお会いするという言い訳は、私には必要ありません。私は、責任分担でもって、その人を見るのです。

先生も、「天宙の責任分担を完成したのか」と問うてみるのです。統一教会の教会員は、個人の責任分担が何かを尋ね求め、「三十六家庭」の家庭の責任者は、家庭を中心として身内に尋ねてみるのですが、先生は、天宙を中心とする自らの責任分担を完成できたのかを尋ねてみるのです。

女性たちは、腰が大きくなり、胸が大きくなってくると、「ああ、これはすぐに新郎が来られて……」と思わないでください。どうして顔を隠すのですか。そういう考えをした者が顔を隠すのです。そういう考えをしたことのない人たちは、何が何だか分からないので、じっとしているのです。

そのように体が成長してくれば、「この体め！　お前は責任分担ということを知っているのか」と言ってみるのです。生理になった時も、「この生理め、責任分担を知っているのか。本然の位置で生理になれば、どんなに良いことか分からないのに、今は死の峠を越えなければならないのに、どうして生理になるのか」と言ってみるのです。生理になるということは、もう赤ちゃんが生めるので、新郎を迎えてもよいという予告なのですが、「今は、ちょっと待ちなさい」と、言ってみたことがありますか。（一九八四・七・一〇）

3　すべての制度は責任分担のもとに所属する

学生は、学生としての責任分担を全うしなければなりません。学校で定めたすべてのことが責任分担なのです。学生は、勉強をよくしなければなりません。それが、学生の責任分担なのです。責任分担による人格完成により、一つの目的完成の資格者として、価値を備えた資格者として決定するのです。それが、この世のすべての制度なのです。それは、あらゆる法にも通じ、あらゆる制度にも通じるものです。

すべてに責任分担があるのです。御飯を食べるとすれば、御飯を食べるために満たさなければならないことも、すべて責任分担なのです。責任分担をたくさんつくれる人が、偉大な人なのです。統一教会の先生は、責任分担の分量をたくさんつくったでしょう？　制度をたくさんつくりましたね。そして、全体を助けるための法を立てたので、その規約を守らなければなりません。自分勝手にあれこれしていれば、絶対に追い払われるのです。アダムとエバも、あれこれと勝手に行動していたので、追い払われました。

今日、先生の時代において、法を定めることは責任分担の延長であり、責任分担の拡大であることを知り、その法に絶対順応しなければなりません。教会の規定も、責任分担なのです。ですから、礼拝時間はきちんと守らなくてはなりません。礼拝が始まる前に来て、礼拝中には絶対動いてはいけません。

ですから、皆さんは、すべての制度が責任分担のもとに所属していることを知らなければなりません。統一教会の法を守らなければならないのです。皆さんは、敬礼式の時間には起きましたか。家で敬礼式をしない人は、手を挙げてみなさい。それが皆さんの責任分担なのです。それ一

つもできなければ、今後、皆さんの一生の問題が左右されるのです。（一九八四・七・一〇）

4　真《まこと》のお父様の蕩減《とうげん》復帰とその相続

では、今までの責任分担を中心とした蕩減歴史を、誰が全うしてきたのでしょうか。（お父様です）。では、それをお金でもって返すことができますか。（できません）。皆さんの家を売って、国土を売って返せますか。（できません）。それでは、何をすればいいのですか。することがないというのです。ただ、できるとすれば、絶対服従だけです。皆さん、二十代までは絶対服従です。エデンの園でアダムとエバが、二十代になる前に自己主張をしたので、堕落したのです。二十代までは、服従しなければなりません。ですから、子供たちも絶対服従です。子供たちは、絶対服従を教えなくても、絶対服従するようになっているのです。彼らは、父母と一つにならなかったならば、自ら滅びるということを知っているのです。神様と一つにならなければ滅びるのです。

サタンがこれを知っているので、旧時代と現時代をつなぐ父母の言うことを聞かなければ、みな追い出されてしまうのです。なのにアメリカは、反対をしているのです。サタンは、本当に賢いのです。世事に精通しているのです。ですからサタンは、すべて裸にしてから、それをほうり出したのです。それを知ると、ヒッピー、イッピーはみな、大したものではないのです。

それゆえ、皆さんがこのようなことを知ってみると、祝福を受けた家庭であるということが、どれほど驚くべきことなのか、よく知らなければなりません。祝福家庭が、どれほど大変な立場なのかを知らなければなりません。イエス様も成せなかった位置なのです。

イエス様が亡くなってから二千年間、キリスト教は世界版図を築くために、どれほど犠牲の代価を払ってきたことでしょうか。四百年間、ローマ帝国の迫害時代を経て今日まで、キリスト教は、どれほど血を流してきたか知れません。どの国でも、キリスト教は血を流しながら、犠牲になりながらも、祝福の位置を得ることができなかったのですが、今日、先生を通して成し遂げたのです。

ですから、皆さんのお父さん、お母さんが祝福を受けたという事実は、どれほど大変なことでしょうか。これは、どんなにお金を渡しても、取り換えることはできません。皆さんが言葉でもって一千年間感謝しても、両手でもって万年踊りを踊っても、及ばない恵沢を受けているというのです。そのような恩恵を受けていることを、よく知らなければなりません。

その代わり、皆さんもそのような恵沢を与え得る父母にならなければなりません。間違いなく、そういう父母になろうと思えば、なれるのです。そうするために皆さんは、伝統として先生の思想を引き継がなければなりません。「私のおじいさん、おばあさんは、このような伝統を私のお父さん、お母さんに相続させてくれたのですが、私のお父さん、お母さんは、私たちにそのような伝統を相続させてくれなかったので、私は哀れだ」と、皆さんの後孫たちから讒訴《ざんそ》を受けるような父母になってはなりません。（一九八四・七・一〇）

5　私たちが蕩滅《とうげん》の道を行かなければならない理由

もし、堕落しない本然の世界が成し遂げられていたならば、統一教会に対して、全面的に歓迎したことでしょう。ところがサタン世界になったので、私たちが再創造しなければならないのです。再創造するためには、反対の力を凌駕《りょうが》しなければならないのです。そして、それ自体を構成できる力の余裕をもたなければなりません。力の余裕がなくては、創造ができないのです。ですから、今まで否定された反対の力を除去させるために、蕩滅の道が必要であると統一教会では言うのです。

蕩滅の概念は、再創造のためのものです。ですから私たちには、再創造のための蕩滅が必要なのです。

それでは、皆さんは蕩滅を歓迎しますか、しませんか。（歓迎します）。なぜですか。それは、再創造されて本然の人になるためですね。復帰されるためです。本然の人が現れた時には、本然のみ旨の道を行く人が出てくるのです。ですから、皆さんは蕩滅を通して再創造されなければばなりません。

私たちは、この世を救うために蕩滅《とうげん》の道を行かなければなりません。イエス様がいくら神様の本然の息子として生まれたとしても、世の中を救うためには蕩滅の道を行かなければなりません。世の中自体ができないので、やるべき人がみな反対するので、イエス様自身も行かざるを得ず、責任をもたざるを得ないのです。

先生は、皆さんをなぜ苦労させるのでしょうか。それは蕩滅の道を行かなければならないからです。先生自身も一生涯、蕩滅の道を行こうとするのです。しかし、嫌々行くのではありません。志願して行かなければなりません。監獄へも、願って行かなければなりません。蕩滅のために行かなければなりません。不平を言えば蕩滅にならないのです。（一九八四・七・八）

6 万物条件を立てなければならない理由

統一教会の会員には、蕩滅の責任分担があるということが分かりましたか。蕩滅路程を行かなければなりません。人間の責任とは何かといえば、神様が人間を再創造しようとするには所有できるものが必要なので、万物を復帰しなければならないのです。堕落した人間を再創造しようとしても、万物が神様の所有圏内にないのです。

堕落したので、私たちを再創造するために必要な、神様が所有できる万物がないのです。すべてサタンがもっていってしまったので、私たちを再創造するための物質的要因を神様に捧げることにより、私たちを再創造したという条件を立てるのです。

この世の中で万物条件を立て、お昼代以外はそれを神様に捧げるのです。その期間は三年半です。神様は七年間という数を通して万物を創造したので、この万物を探すためには三年半を必要とするのです。三年半の間、心と体を尽くして精誠を込めなければなりません。

そこで、ありとあらゆる冷遇を受け、涙も流し、逃げ出したくなっても、どんなことがあっても耐えていかなければなりません。つばを吐かれたり、足でけられたりということにも直面するのです。その位置で神様の心を中心として、受け入れることができたならば、その家庭は福を受けるのです。その家庭が私たちを有り難く思うようになれば、その家庭は福を受けるのです。神様が干渉できる圏内に入ってくるからです。神様が干渉できるのです。そのようにして、この地上が明るくなるのです。（一九八四・七・一〇）

7　伝道をしなければならない理由

皆さん、伝道はなぜするのでしょうか。サタンの侵入を受けた物質で再創造された私たちは、サタンから権限を奪ってこなければなりません。私たちは、サタン側にいることはできないのです。ですから、サタンの権限を奪ってくるのです。私たちは、神様を愛し、神様の法を守り、世界人類を探そうとする心情で、どんなに天下が反対しても前進していかなければなりません。このような信念をもって前進していくのです。皆さんは、そのような気力を育てなければなりません。

ですから、霊の息子、娘を探し出さなければなりません。それは、天使長を探すことになるのです。アダムには三天使長がいたのですが、みな失ってしまったのです。それを復帰しようとすれば、皆さんが三天使長を探さなければなりません。サタンの息子、娘、天使長の息子、娘の代わりの、霊の息子、娘は、エデンの園の三天使長たちと同じになるのです。それはカイン復帰です。旧約時代、新約時代、成約時代、三時代のカインをすべて復帰することになるのです。（一九八四・七・一〇）

8　祝福子女たちも自分の責任分担を果たすこと

それから、学校を卒業して社会に出れば、社会の法律をよく守らなければなりません。交通の秩序は、交通運行においての責任分担を完遂することです。学校の法は、学校での生活を完成させるための責任分担です。

皆さん、学校の先生たちの中で、勉強を厳しく教えてくれる先生は良い先生ですか。ただ、いい加減に教えてくれる先生が良い先生ですか。（厳しく教えてくれる先生です）。ところが、厳しく教えてくれる先生を好きな学生は、一人もいないのです。みんな反対なのです。だからといって、二人が共に同じようになったならば、その学校は滅びてしまうというのです。反対作用をすることにより、学校も発展できるのです。若い人たちには、必ず制裁が必要だということです。自由は必要ありません。

大学も出ていない、社会の経験もない若い人の言葉のままに行動したならば、国を売り渡してしまうことになるのです。家に帰っても、学校にいても、まだまだ世の中を知らない皆さんなのです。これからいろいろと習うことが多いので、三十歳までは自己主張してはいけないということです。

ここに来て暮らしている人たちはみな、私の世話になって遊んで暮らしてきたのですね。私の世話になって生きる人たちは、文《ムン》先生に対して負債を負って暮らすのではなく、世界の前に負債になり、人類の前に負債になり、神様の前に負債になって暮らしている、という考えをもたなければなりません。そして、「これは必ず、死ぬ前には返さないといけないものであり、自分の子供たちに返さなければならないし、自分の親戚《しんせき》に返していかなければならない」という決意をしなければならないのです。

私は、そのような考えをもって助けてあげているのです。それで世界が生きることができる土台となるのです。「私は、あなた方の息子、娘を一人ずつ連れてきて教育し、着させ、食べさせてあげたので、あなた方も、私の息子、娘に対して、私がしたようにしなさい」ということです。借りをつくってはなりません。

では、奨学金を受けている人たちは、責任分担があるのでしょうか、ないのでしょうか。祝福家庭の息子、娘として生まれた人たちには責任分担があるのでしょうか、ないのでしょうか。それは、ほかの人たちよりも多いはずです。責任分担とは、このように重要なのです。責任分担を十分に全うしなければなりません。そうでなければ、すべてが嫌になるのです。（一九八四・七・一〇）

9　責任分担はすべての分野の過程にある

蕩減《とうげん》復帰歴史は、幼い時から年老いて死ぬ時まで、また霊界に行ってからも永遠について回るものです。霊界に行っても、責任分担は残っているのです。霊界に行って、高い世界に上がれば上がるほど、より高い次元の法があるのです。そして、すべてに責任分担がついて回るのです。

アダムとエバは、愛を中心として完成しなければならなかったのに、愛の問題で間違ったので、そのような責任分担に引っ掛かったのです。責任分担は、すべての分野の過程にあり、何かの目的を完成しようとすれば、そのような過程を経なければなりません。過程には、必ず責任分担遂行が連結されるのです。ある時限の過程を経る時には、必ず責任分担があるのです。それを成さなければ、すべてのことが破壊されるのです。（一九八四・七・一〇）

第四節　真正な自由の道

1　自由に対する正しい観念をもつことが必要

「平和、幸福、自由」と言いますが、その自由とは何でしょうか。「自分の思いのままに生きることが自由だ」と言うのですが、自分の思いのままに生きて、どこまで行けるというのでしょうか。すべてには限界があるというのです。人間は、百年程度しか生きられないのです。その百年くらいの間に、私たちは自由を求めて生きていくのですが、もし法もなく、思いのままに生きるのが自由であるとするならば、その自由とは何でしょうか。

今日、文化の世界に悪が猖獗《しょうけつ》（注：たけりくるうの意）を極める中で、それを研究し、勉強することは易しいことでしょうか、難しいことでしょうか。研究室に閉じこもって、頭にねじり鉢巻きをして研究することは自由でしょうか、拘束でしょうか。どう解釈するのですか。勉強することが嫌であれば、勉強することは自由でしょうか、拘束でしょうか。拘束ですが、なぜ求めて回るのでしょうか。ですから、自由という概念を、どのように正すかということが問題になるのです。自分の思いのままに生きることが自由ではありません。

女性としての自由とは何でしょうか。男性としての自由とは何でしょうか。人間としての自由とは何でしょうか。家庭としての自由とは何でしょうか。社会としての自由とは何でしょうか。国家としての自由とは何でしょうか。個人として、皆さんは自分の思いのままにすることができますか。すべてが自由であれば、「私は御飯を食べたくない」と言って、もし御飯を食べなければ、その人は死んでしまうのです。それもまた、仕方のないことです。さらに、「何も見ないのが自由だ」と言って、何も見ないでいてごらんなさい。その人は、ただの盲人になるのみです。それで、今日の西欧社会が滅びつつあるのです。彼らには、自由の定義が何か分からないのです。

幸福の中に自由があるのでしょうか、自由の中に幸福があるのでしょうか。自由も幸福の中に入って休むことを願うのであり、自由の中に幸福が宿るのではありません。幸福の中に自由が宿ろうとするのです。ですから自由というのは、一つの方向性であり、決定的行動にはならないのです。それは、副次的であって、一次的ではありません。（一九八八・一〇・一六）

2　自由の備えるべき三大原則

自由とは、原理を離れた自由はないのです。御飯を食べなくてはならない時に、御飯を食べなかったならば、それは自由ではありません。おなかがすくし、副作用が起こります。御飯を食べなければ、自ら破壊するのです。ですから、原理原則を離れた自由はないのです。

このように見た時、この宇宙は運動し、全体が自由なのです。地球が一日に一回りすること自体が、最大の自由なのです。そして月は、一カ月に一回りし、地球は三百六十五日で太陽系を一回りすることが自由なのです。そこで、「ああ、私は嫌だ」と言えば、存在価値を失ってしまうのです。ですから、すべてのことにおいて、原理原則を離れた自由はないということが理論的であり、理にかなっているのです。

それでは、先生には自由があるでしょうか。それは、先生も同じです。原理を離れた世界で自由を追求するということは、破綻《はたん》をもたらすのです。先生が年を取れば、年寄りとして守らなければならない自由の法度《はっと》があるのです。年寄りが若い娘に対して恋愛をするとすれば、それは理にかなっているでしょうか。世の中の人々がみな笑うだろうし、つばを吐くことでしょう。すべてのことは、原理に合わなければならないのです。

また、自由には責任が伴うのです。皆さんが行動したのちに、悪い結果が残されているようでは駄目です。良い責任的立場で歩まなくてはなりません。自分が行動したのちに、それを全体が見て、尊敬できなくてはならないのです。ですから、自分が行動したのちには、善の実績が残されていなければなりません。それが、三大原則です。家庭に帰って、「私は、お父さん、お母さんの支配など受けたくない。私の思いどおりにするのが自由だ」という主張はできないのです。ですから、原理原則を離れた自由はあり得ず、責任を避けるような自由はあり得ないのです。必ず行動して、善なる実績を備えなければならないのです。(一九八八・一〇・一六)

3 悪魔の便宜的《べんぎてき》な自由

最近の学生たちの姿を見てください。火炎瓶《かえんびん》を手にして、すべてをたたき壊しているのです。学校の器物などを破壊しているのです。「悪魔の独断主義者だ」と言うのです。それは、ふしだらなことであり、ふしだらなことをする者は、下りていくしかありません。絶対に上っていくことはできません。すべての人々が支持してこそ、上っていくことができるのです。自分が育つために必要な栄養として、すべての元素を吸収し、それが自分にとっての後ろ盾となり、大きくなっていくのです。ところで、そのようなことをすべて無視して、「自由行動である」と言って、破壊的行動をとるようになる時、下りていくしかないのです。

お父さん、お母さんが結婚して、息子、娘が生まれれば、お父さん、お母さんの息子、娘であるという、その原理を否定することはできません。そうですね。その事実の前には順応しなければなりません。そのためには、お父さん、お母さんと和合をしなければなりません。互いに好きにならなければなりません。私だけが好きなのでは駄目です。それが自由です。「私だけが好きでなければ駄目だ」と言うのは、悪魔の便宜的自由です。すべてを破綻《はたん》させるための、一つの策略による自由行動なのです。それは、原理を離れたことになるのです。（一九八八・一〇・一六）

4　女性の自由とは

女性として生まれたならば、女性として行く道があるのに、「ああ、私は女性だけれど、自由があるので男性がすることをしよう」と言うことは、いいことでしょうか。女性として生まれたので、髭《ひげ》も生えていないにもかかわらず「私、髭を生やしたい」と言って、髭をもってきてつけてみなさい。いくら自由だからといって何日もつでしょうか。それが原理の道です。女性としての原理の道なのです。それが自由だというのでしょうか。女性には一月に一回ずつ生理があるのですが、それを、「ああ、面倒くさい。なくしてしまおう」と言って、一度なくしてごらんなさい。

なくすことができますか。女性であれば、女性としての原理原則に順応しなければならないのです。

その次に、女性は女性としての責任を負わなければなりません。女性の胸が大きいのは、赤ちゃんを育てなければならない責任があるからです。それが自由なのです。赤ちゃんを生んで育てることは、最高の自由なのです。ですから、赤ちゃんを生めないような女性は、半分不具者なのです。また、責任を負わなければなりません。皆さんも赤ちゃんを生んだ場合に、「ああ、お前の思いどおりに育ちなさい」と言うことができるでしょうか。それは、連帯的責任なのです。父母が私たちをこのように育ててくださったので、私もそれと同じように育ててあげなければならないのです。（一九八八・一〇・一六）

第五節　み旨の道を行く二世たちのとるべき姿勢

1　生の目的を成就するには

質問：（お父様が今まで過ごされた中で、うれしかったことや悲しかったこと、大変だったことを少しお話ししてください）。

悲しかったことと、うれしかったことと、大変だったことが何かあったかな。人は、自分の目的を定めて仕事をすれば、大変なことも大変ではなく、悲しいことも悲しみではなくなるのです。自分の目的をもって進めば、難しいこともあり得ないし、悲しいこともあり得ないのです。悲しんでいたら、その目的をどうやって成せますか。

統一教会のみ旨の道がそうなのです。目的を定めたならば、いかに大変であっても行かなければならず、涙が出ても耐えなければならないのです。目的をはっきりと定めることにより、大変であれば大変なだけ、その目的がだんだん近づいてくるし、また、涙を流す心情があればあるほど、その目的のために涙を流すようになるのです。そういうことを考えた時、みな良いことととして考え、良いこととして消化して、喜ばなければなりません。

人が何かの目的を定めたとすれば、その目的を成し遂げるためには、時間を投入しなければなりません。一年、二年、時間を投入しなければならないのです。その次に、努力をしなければなりません。その次に、精誠《せいせい》を尽くさなければなりません。ところで、努力をするといっても、普通の努力では駄目なのです。必ず体と心が一つになり、天に覚えられるように、精誠を尽くした努力をしなければなりません。そして、その量が多くなればなるほど、その目的は近づいてくるのです。

その目的を成し遂げるために十年かかることを、三年のうちに成そうとすれば、三倍以上時間を投入しなければならず、三倍以上努力しなければならず、三倍以上精誠《せいせい》を尽くさなければならないのです。その次に、その目的が願う時間であるとか、精誠であるとか、努力する量とかが大きければ、その目的のためには、成し遂げられるのです。しかし、目的の基準よりも、少なくなる時、それは成し遂げられません。

皆さんは、「私は指導者になりたい、私は文学者になりたい、私は科学者になりたい」など、いろいろあるでしょう。皆さんが、そのような目的をしっかりと定めたならば、その目的が大きければ大きいほど、そのために時間を投入しなければならず、努力をしなければならず、精誠を尽くさなければなりません。

ですから、時間をたくさん投入しなければなりません。寝る時間が来ても寝ることができず、他の人たちが遊んでいても、遊ぶことができないのです。また、他の人が友達と遊び回ったりしていても、皆さんは、一人寂しい生活をしなければならないのです。精誠を尽くすということは、人に対して精誠を尽くすことではありません。神様であるとか、高い人に対して「助けてください」と言って、精誠を尽くすのです。ですから、そのためには、極めて孤独な立場を経なければならないのです。いろいろと難しいことがあるでしょうし、悲しいことが続くでしょう。しかし、それを消化しなければならないのです。それを苦痛に思ってはなりません。それを通過することにより、自分の願う目的も早く成し遂げられるのです。

この世では、自分の目的もたずにただ泣く人は、泣いて流されてしまいます。また、悲しんだり、つらかったりすることがあってもみな、それは流れてしまうのです。しかし、目的を中心として行く道には、悲しみがあり、苦痛があっても、それは必ず残るようになるのです。必ず、後代や私の一生において、その代価を得ることができるのです。ですからそれは、つらくても、つらいことではなく、悲しくても、悲しいことではないのです。（一九七八・一〇・九）

2　復帰歴史を早く終結させるには

質問‥（私たちが大きくなれば、将来、することがたくさんあります。私たちの将来に対して、少し、お話をしてください。私たちが完全に大きくなっても、この世の人々が復帰されていなければ、私たちの父母のように、私たちも公的路程を歩まなければならないのですか。またその時になれば、みな復帰されていて、私たちは芸術活動とか自分がしたい特技活動をすることができるのですか。具体的なお話をしてください）。

復帰歴史がいつ終わるのかという問題は、単純な内容ではなく、膨大な内容です。復帰歴史は、これからも長い期間続くでしょう。世界の人々、数十億の人類がすべて、み旨の中で一つになって立ち返らなければ、復帰歴史は終わらないのです。ですから、復帰歴史は、きょう、あすに終わるものではありません。これは、先生が始めたのですが、皆さんのお父さん、お母さんを中心として続いており、皆さんの代にも、その歴史は続いていくでしょう。

それでは、どうすれば復帰歴史を早く終結させることができるのでしょうか。それは、各自の努力によって決定されるのですが、その努力は、どのようなクラスを通して努力するのかが問題になるのです。高位層、上流社会なのか、中流社会なのか、下流社会なのか。その次には、上流階級の人々なのか、中流階級の人々なのか、下層階級の人々なのか。このように見た時、世界人類を主導できる頂上の人々を変えることができれば、一番早いというのです。

ですから、復帰歴史の道を行く若者たちは、世界の指導者を復帰するために、彼ら以上に学ばなければならず、彼ら以上に実力がなければならないのです。国を治める問題であるとか、人間に対する問題であるとか、社会に対する問題であるとか、世界に対する問題であるとか、歴史に対する問題であるとか、哲学に対する問題であるとか、科学に対する問題であるとか、様々な問題において、その人たちをみな指導できる能力がなければ不可能なのです。

神様の役事も、そうです。メシヤを真理の王として送るのです。真理と知恵と愛の王として送り、すべての人間たちが分からなかったことを教えてあげ、人々がそれをすべて学ぶことができる立場に立たせて、早く復帰するための役事をされるのです。（一九七八・一〇・九）

3　学生に何よりも重要なことは勉強である

質問：（私たちがこれから大きくなれば、世界に出て、しなければならないことがたくさんあります。そうなれば、多くの人々に会うようになります。そのためには会話が必要なので、ペンパルをしたりして、社会の知識をたくさん知っておくのもよいと思いますが？）。

それは、皆さんが勉強をすべてしてから、職場生活をするとか、先生になったのちにでもできることです。自分の専門分野の勉強をする時は、そんなに外的に広げてしまうと、勉強も駄目になってしまいます。あれこれしても駄目なのです。二つのうちの一つをしなければなりません。皆さんは、ペンパルも、外的な社交生活も、みな必要とするかもしれませんが、今一番必要なことは勉強なのです。その場において、優秀な成績を収めることが最も貴いことなのです。他のことは、それが終わってから、いくらでもできることです。

一つ一つを終結させてから、次のことをして、また次のことをするようにすれば、それは自分と関係がもてるようになるのであって、途中で廃止してしまえば、自分と何ら関係がなくなってしまうのです。関係がないだけでなく、それは何もしなかったことよりも悪いというのです。ですから、皆さんは今、ペンパルだの何だのと、そのような考えをもつ必要はありません。外に出ていって何かの活動をする必要もないし、教則によって決められたことに、満点を取るために、どれだけ努力をするのかということが一番貴いことなのです。

勉強がよくできれば、皆さんがじっとしていて何も考えなくても、上の人たちがみなやってくれるのです。その学校の全生徒から敬われ、先生から褒められるようになれば、その人を選んでアメリカに送って勉強をさせるのです。「嫌だ」と言っても、勉強させてくれるのです。皆さんが、世界の問題を考えなくても、世界の人たちから歓迎されて、世界舞台へと出ていくようになるのです。しかし、いくら大きな夢をもって世界的な交流をしたりしても、それができなければすべて駄目になるのです。ですから、自分の受け持った分野で、忠実に実績をつくる人は、必ずその周囲から全体の代表に立たせられ、高い所に立つようにと後援されるのです。それが天理です。これこそ天地創造の原則です。ですから、心配せずに、現実に忠実であることを学ぶことが一番良いことなのです。

4　み旨の道を行く二世たちがとるべき姿勢

前もって準備しない人は、滅びるのです。準備した人は、滅びそうになる時に、防備することによって生き残れますが、準備をしない人は、滅びるのです。

皆さんが、四年間の大学課程を一年間ですべて終え、次に、体を鍛え、神様にとって必要な勇士となり、義勇軍の資格者となりたいという心をもつことは、極めて神聖なことです。柳寛順《ユグァンスン》が十六歳の時に、国を愛し、国を取り戻すために犠牲になったことは、どれほど若者たちの胸に、爆発的な愛国心を呼び覚ましたことでしょうか。それを知らなければなりません。それと同じことです。

皆さんは、天命による天道、天法を立て得る道を行かなければなりません。すべての厳しい風霜《ふうそう》を経て、お父さんやお母さん、家族からみな離れていかなければなりません。涙をのんで、耐えて、笑いながら越えていかなければならないのです。先生は、そのような業《わざ》を断行することに、ためらわなかったので、今日、レバレンド・ムーンが敗者の杯《さかずき》を飲まずに、勝者の権威をもつことができたという事実を、皆さんは知らなければなりません。（一九八一・四・一）

皆さんは、成功を願い、幸福を願うならば、闘いの過程と逆境の過程を克服しなければなりません。勝利の覇権《はけん》をもったのちにのみ、勝者の栄光の日があり、勝者の幸福の理想があるのです。敗者には、幸福も理想もあり得ないのです。敗者は、哀れなものなのです。

今まで先生は、大韓民国から背反を受け、あらゆる迫害を受けてきたのですが、今日、勝利者となってみると、この民族も賛美せざるを得ない、そのような基盤をつくったのです。勉強をして、優等生にならなければなりません！　先生は、そうしたのです。他の人が十年かかってする勉強を、三年の間でやってのけたのです。精神統一とは、恐ろしいものです。

　皆さんの立つ舞台は、国家ではありません。世界です。皆さんは、国を指導し得る実力をもって、あすの後継者として、堂々といで立つ群れにならなければなりません。そのように決意する祝福家庭の子女たち、青少年たちにならなければなりません。統一教会の群れの未来に、光明が訪れてくることを早く悟って、力強く進まなければなりません。

　先生のみ言《ことば》を一〇〇パーセント理解して、何でもすることができなければなりません。いつでも爆発できる爆弾となり、また、何でも撃破することのできる、神様が必要とする愛の原子爆弾にならなければいけないのです。そして、きれいになくなってしまわなければならないのです。ですから、永遠なる愛の旗をもち、神様の前に進軍するのです。アーメン。（一九八一・四・一二）

第三章

祝福家庭の子女たちの行くべき道

第一節　祝福家庭の父母と子女たちの行くべき道

1　祝福の意義と祝福家庭の価値

祝福家庭とは何ですか。祝福家庭の位置は、皆さんの家庭が蕩減《とうげん》復帰するために、先生を中心として血統的に間違ったすべてのことを清算して、サタンの讒訴《ざんそ》圏から逃れた位置なのです。この位置は、長成期完成級です。蘇生《そせい》、長成、完成という、成長の三段階の長成期完成級で堕落したので、まだ七年が残っています。最後の七年間を残したまま堕落したのです。ですから、先生はお母様を一九六〇年に選びましたが、その時、先生はどのような位置に立っていたかといえば、長成期完成級なのです。この位置に立っていたので、サタンの試練を受けたのです。

一九六〇年から七年を経て一九六八年、「神の日」が制定されたのは何を意味するのかといえば、原理主管圏内において長成期完成級までしか行けなかったのですが、神様の直接主管圏内に立つことにより、家庭を中心として、サタン世界の家庭に対して闘いを始めたということです。氏族と民族を中心として、国家的蕩減をなし、世界的蕩減をしてきたのです。

祝福というものは、父母様が現れる以前にはできないのです。祝福とは何かというと、天地を共に受け継ぐために、父母様の枝を切り取り、皆さんの父母たちに移してあげたものなのです。ですから、父母たちだけが救いを受けるものではありません。皆さんの父母は、何をしなければならないのかといえば、氏族をつくり、民族をつくり、父母様が国家時代に入る時には、氏族圏を捧げなければならないのです。また、皆さんが大きくなり、父母様が世界圏内に入るようになった時には、皆さんの家庭は、国家基準において収拾し、捧げなければならない連帯責任を担っているのです。このことをよく知らなければなりません。一段階下の責任を成し遂げるべき使命を、共に担うという立場で祝福してあげたのです。

祝福をしてあげるとは、どういうことかといえば、サタン世界の血統を、完全に天の世界の血統に切り替えることです。皆さんは水を飲んでも、そのパイプがどこに連結されているのか分からないのですが、天の国の水を飲んでいるのです。同様に、サタン世界では同じように水を飲んでも、サタンの水を飲んでいるのです。見た目には同じでも、内容が全く違っているのです。その内容が変わるように、先生の枝を分配してもらった、その家庭的基盤の上で出発したのです。その出発を祝福というのです。（一九八四・六・二〇）

2　祝福家庭とこの世の家庭の違う点

祝福家庭と祝福を受けていない家庭とでは、何が違っているのでしょうか。（神様を中心とした家庭です）。それでは、漠然としています。「神様の愛を中心とした家庭と、サタン世界の愛を中心とした家庭は、違います」と答えなければなりません。

サタン世界の愛とは、どのようなものでしょうか。自分だけのために、自分の家庭だけのために生きるのであり、それ以外にはないのです。すべて利用して、分離させる愛であり、分派をつくる愛なのです。

また、その次に祝福家庭は、愛を中心として、何が違うのでしょうか。血統が違うのです。皆さんは誰にぶら下がっているのですか。（真《まこと》の父母様です）。真の父母様と愛も似ているし、生まれた血統も似ているのです。目も鼻も口もすべて同じなのに、何が違いますか。出所が違います。真の父母を通して出発したのです。真の父母も、神様を中心として出発しました。神様の愛を中心とした一体基準において、出発したのです。この二つが全く違うのです。

初めは何でしたか。神様の愛がすべての中心なのですね。自分の家庭が中心ではないのです。神様の愛を中心にすれば、その中には家庭、氏族、民族、国家、世界がみな入っているのです。

そうすれば、万事が「ＯＫ」です。神様の中にみな入っているので、愛の同参者になるのです。愛するようになると、同参権ができるのです。男性を知らなくても、さっと夫婦となって四日だけでも過ごせば、みな同参者となるのです。あなたのものは私のものであり、私のものはあなたのものになるのです。同参者です。愛の偉大さは、そこにあるのです。同参権を伴い得る、偉大なものです。

その次には、相続権があります。彼が死ぬ時は、私はその相続者になるのです。同じように、神様の愛を受けるようになれば、神様の前に同参することができるのです。それだけでなく、神様がもっていらっしゃるすべてのことを、私は相続することができるのです。神様の愛を学び、また、神様の血統を受け継いだのですから、神様は呪《のろ》うことができるでしょうか。離れることができるでしょうか。できないというのです。（一九八六・四・一二）

３　祝福家庭二世たちの行くべき道

今から、理想をもたなければなりません。皆さんが学校に行くようになった時、まず隣にいるすべての人々を愛して、彼らと親しくならなければなりません。「ああ、私たちの学校には、統一教会の祝福を受けた子供たちがいるけれど、目が小さくて、気さくで、友達に対することも一番なので、学校では模範生であり、もしこの学生たちがいなくなれば、私たちの学校は、どんなに悲しく、寂しいことでしょうか。そして、どんなに心細く、ひっそりとしてしまうことでしょうか」と言われるような環境をつくらなければなりません。百人の子女たちがいたならば、三百人を心配することができなければなりません。三百人がいたならば、千二百人を消化できる基盤をつくらなければならないのです。

ヤコブの息子たちは、十二人の兄弟なのですが、その中で一番祝福を受けたのがヨセフとベニヤミンです。その時、十人の息子たちが何をしたのかといえば、サタンの業《わざ》をしたのです。兄さんたちがヨセフを嫌ったのです。歴史的に、カイン・アベルを中心にした、このような三家庭形態が東西南北に十二数となっているからです。

ですから、そのように十家庭以上から冷遇される立場でも、愛する心をもって越えていかなければならないことを、代表的に見せてくれたのです。ヨセフは、自分の兄弟が自分を井戸に落として殺そうとしたり、売り飛ばしたりしたのですが、兄たちが自分を死ぬ位置に追い込んだのではないと考えて、自分のすべての権威と、すべての欲望を捨てて愛したのです。そのようにヨセフが兄弟を愛したという条件で、イスラエル民族全体が生き返ることができたのです。それと同じような道を、皆さんも行かなければなりません。

皆さんを祝福してあげたのは、皆さんに良い暮らしをしなさいといっているのではないのです。統一教会に反対し、統一教会を嫌う人々に対しても、十人の兄たちと同じように接し、彼らを抱き、神様の愛の圏内に入れてあげられる責任的使命を負っていく代表として立ち、ヨセフと同じ位置で祝福を受ける家庭の息子たちになりなさいということです。これが、祝福家庭の子女たちの行くべき道なのです。

それでは、祝福を受けた家庭の息子は、エデンの園の堕落しない息子、娘と同じ位置にいるので、皆さんは何をしなければならないかといえば、救世主と同じ仕事をしなければならないのです。イエス様は、罪なき息子として生まれて、この世に来て、良い暮らしをしようとしたのではありません。世の中の暮らしを良くしてから、あとで自分も良い暮らしをするのがイエス様の使命なのです。そのような使命の原則は、同じなのです。（一九八一・四・一二）

4　兄弟間の友愛――父母の相続を受ける者

統一教会の家庭は、たくさんの子供を生むでしょう？　一番たくさん生んだ家庭は、何人ですか。兄弟は多いほどいいのですが、一つ皆さんが喜ぶべきことは、兄弟が多ければ御飯を食べる時も、一つのお茶わんに盛って、二人が分けて食べなければならないのです。そのようにしなければならないのです。御飯がお茶わん一杯しかないといって、けんかをしてはなりません。兄弟が多くて、どんなに暮らしが大変でも、「私は御飯を抜いて、お姉さんにあげなければ、弟にあげなければ」という、そのような愛の心をもてば、いくらでも良くなるのです。皆さんは、良い服は私が着て、悪い服は弟にあげるのですか。反対なのです。サタンの世界と反対に考えなければならないのです。統一教会の祝福を受けた家庭の子供たちが考えることは、サタン世界と違わなければならないのです。

お互いにそうなれば、どのようになるでしょうか。良い物を置いてみな、後ろに戻っていくのです。互いに「嫌だ」と言うのです。ですから、良い物はみな、真ん中に集まるのです。十二人の息子、娘がみなそうなったならば、どうなるのでしょうか。真《まこと》の父母が通り過ぎる時、それを見て、「君たち、食べないのか。私が食べよう」と言うような、無慈悲《むじひ》な真の父母ではありません。「君たちは、おなかがすいているのに」と言って食べるのです。すべて食べてから、何十倍以上に満たしてくださるのです。それを見て、「ああ、先生、待ってください。私が食べます、私が食べます」と言っては駄目なのです。先生がすべて食べれば、そのあとに責任が生まれるのです。それで、何十倍も、その息子、娘のポケットに、食べても余るように満たしてくださるのです。神様も同じです。

皆さん、兄弟の中でも、どの兄弟よりも兄弟のためになり、父母のためになり、全体のためになる兄弟が父母の相続を受けるのです。問題を起こして、お父さん、お母さんの言うことを聞かず、したい放題にするという人たちはみな、びりになってしまうのです。

それでは何に一番価値があるのかといえば、幼い時から苦痛に遭いながらも、耐えて祈祷することです。それが一番貴いのです。ですから苦労をたくさんして、精誠《せいせい》をたくさん尽くす息子、娘は、お父さん、お母さんのすべての相続を受けるのです。どんなに顔が醜《みにく》く、いくら背が低く、いくら知識がなくても、そのような人が、その家の中の相続者になるのです。（一九八一・四・一二）

5　父母に忠告する時の姿勢

皆さん、今、お父さん、お母さんがみ旨のために忠誠《ちゅうせい》を尽くしていることを知っていますか。皆さんは、お父さん、お母さんがみ旨のために忠誠を尽くさない時には、忠告をしてあげなければなりません。「お父さん、お母さん、なぜそうなのですか。み旨の道はこうであり、天のみ旨はこうであると見るのですが、お父さん、お母さんは、このようにやっていかなければならないのに、何ですか！」と言って、忠告してあげるのです。それが良いのです。もし、お父さん、お母さんが誤れば、大変なことになるのです。

このような共同責任を背負って、皆さんが今、家庭に帰れば、たとえ年は幼くても、もしお父さん、お母さんが間違っているならば、正座して、おじぎをして、「お父さん、お母さん！　私はこれが正しいことであり、これが悪いことであると考えているのですが、お父さん、お母さんはどのように考えていらっしゃるのですか。正しいことですか、違っていますか」と言うのです。そのようにして、皆さんが自分たちの家庭を守らなければならないのです。

昔、アダムとエバが十代の青少年であった時、エデンの園で守れなかったことを、今日、統一教会の十代の青少年である皆さんが、父母の守れなかったことを守ってあげ、責任を果たしてこそ、皆さんは堕落圏を防ぐことができる、ということを知らなくてはなりません。

そうすれば、お父さんもお母さんも、「やあ、まいった。お前の言うことが正しい」と言いながら、皆さんのことがだんだん恐ろしくなり、気兼ねをするようになってくるのです。さあ、皆さんがお父さん、お母さんをよく指導してください。皆さんがアドバイスすることにより、お父さん、お母さんは素晴らしい弟や妹を生んで、素晴らしい真《まこと》の家庭をつくってくれるのです。

6　二世の誇りは真の父母である

皆さん、サタンの前に誇れるものとは何ですか。サタンの前に誇れるものが何もない者たちに私が会って、祝福してあげるとすれば、サタンはどれほど嘲笑《ちょうしょう》することでしょうか。歯でガラガラと笑うのです。「鼻先で笑う」というのは聞いたことがあるでしょうが、「歯で笑う」という話は初めて聞くことでしょう?

皆さんが誇りにするものとは何ですか。二世とは、何の二世ですか。サタンの前に誇れるものは何もないでしょう?　サタンの前に誇れることがない者が、どうやって天の前に祝福を受けられるのですか。皆さんがサタンの前に誇れることとは、いったい何ですか。お金ですか。面構えですか。女性の体ですか。男性の体ですか。そうではありません。

サタンの前に誇れるものとは何でしょうか。簡単なことです。神様を愛するということなのです。サタンが神様を愛しますか。サタンが神様を愛するようになれば、すべて終わるのです。また、その次に、真の父母を愛するのです。

統一教会で、一番の誇りとは何でしょうか。サタン側に誇れることとは何かといえば、「お前が侍ることのできない、お前がもつことのできない、真の父母のために忠誠《ちゅうせい》を尽くして、そのために死ぬことである。自分自身のために万民を犠牲にするお前とは、根本的に違うのだ」と主張できることです。皆さんのお父さん、お母さんがそうでしょうか。先生と同じでしょうか。先生は一生の間、監獄を訪ね回り、出たり入ったりしてきたのです。皆さんのお父さん、お母さんは、教会でちょっとだけ大変なことがあると、みな逃げていくようでは、駄目な父母なのです。子供の前に正しい道を教え、正しい道を行って見せてあげなければならないのです。

サタンが悔しがることとは、この地球星《ぼし》に真の父母が現れたことであり、神様がうれしいことも、この地球星《ぼし》に真《まこと》の父母が現れたことなのです。そして、その真の父母が望んだので真なる家庭の世界が訪れ、真なる氏族、民族、国家、世界が現れるようになったのです。今や統一家は、世界を指導できる段階にまで越えてきたのですが、統一国ではありません。愛を中心として家庭をつくるのです。（一九八六・二・一九）

第二節　摂理の時と二世の行く道

1　今は子女たちが先駆ける時である

きょうは何の日かといえば、先生がお母様と会って聖婚式をし、三次七年路程、二十一年を終えた日です。それで、先生はなぜ皆さんを呼んだのでしょうか。今からは、先生が成してきたことを、皆さんが先駆けて引き継いでいくのです。私がなしてきたことを、教会長の家庭を中心として、すべての祝福家庭が引き継いでいかなければなりません。

ところで、皆さんのお父さん、お母さんたちは、祝福を受けて皆さんを生んだのですが、まだサタンの要素がたくさんあるのです。まだまだ満たさなければならないその器を満たすことができず、立てなければならない法度《はっと》を立てることができなかったので、皆さんは、先生が言ったとおりに行動しなければなりません。お父さん、お母さんたちが誤ったことを、皆さんが責任をとらなければなりません。皆さんは、お父さん、お母さんを教育して、天の国の家庭を成すために、責任を負い得る年齢になったのです。（一九八一・四・一二）

2　統一家の立場と実体蕩滅《とうげん》時代

皆さんは、どのような立場に立っているのかといえば、統一教会の教会員はカインの立場であり、祝福家庭の皆さんはアベルの立場なのです。このような立場なのですが、今まで、長子権争いをしてきたのです。長子は誰かというと、先生の息子、娘です。先生の息子、娘が侍っているので、カインやアベルもみな、自動屈服するようになっているのです。

ですから、皆さんの中で年のいった人も、「孝進《ヒョジン》お兄さん」と呼ぶのですね。なぜそうなのか分かりますか。それは、長子権をもってきたからなのです。世界を代表する家庭的長子権です。堕落した世界では、長子権がサタン側にあったのですが、今や長子権は誰にあるかというと、天の側にあるのです。

その長子権が現れたので、これからどのようになるのかといえば、統一教会が蘇生《そせい》期だとすれば、皆さんは長成期であり、先生の家庭は完成期なのです。この三つが一つにならなければなりません。

旧約時代は物質を対象にした物質蕩減《とうげん》時代であり、新約時代は自分の蕩減時代であり、成約時代は実体蕩減時代です。統一教会においては、私が物質蕩減も受けてきたのです。また、興進《フンジン》君も蕩減しました。実体蕩減が最後なのです。ですから、今や実体蕩減時代に入ったのです。法廷闘争を経て進まなければなりません。

私は、監獄へ行っても、すべて蕩減条件を立ててきたのです。人類の残された十字架を父母として完全に清算してきたので、統一教会は孝進からぐるぐると巻き込まれ、その次に、既成教会がぐるぐると巻き込まれ、その次には、自由世界がぐるぐると巻き込まれるのです。その次には、共産世界がぐるぐると巻き込まれてきます。共産世界と闘う必要がないのです。「統一思想」だけを正しく教育すれば、闘う必要はないのです。

神様のみ旨とは何かといえば、政教分離ではありません。政教一致です。神様を中心とした心情一致世界、一つの世界へと向かって前進するのです。その時には、千年、万年行くのです。堕落した世界が、神様を中心として、父母様を中心として、長子権を中心として、一つになるのです。それが本来の天国へ行く道であり、天国へ行く原則なのです。

長子権、アベル権をいくら探しても、父母がいなければ天国へは行けません。父母がなく孤児のように闘っていては、次子が長子から首を絞められることになってしまうのです。ですから、宗教が主権者の前に犠牲になっていくのです。しかし、父母様が現れて本然の位置を復帰してくださったので、今や父母様に侍り、長子と次子が一つになって生活して、天国に入るようになっているのです。この時が、間違いなく最後の時なのです。（一九八四・七・一九）

3　復帰された本然の長子と一つになること

横的に見た時、蘇生は統一教会の食口《シック》です。長成は祝福家庭です。完成は先生の家庭です。中心家庭なのです。子女を見た場合に、統一教会の祝福家庭の子女は二世です。今や時代は、二世を訪ねてくるのです。一世ではありません。一世は荒野で鳥のえさになっても、関係ないのです。しかし、私がみな生かしてあげなければならないので、祝福を通じて生かしてあげたのです。

皆さん、天国に行きたいですか。そのためには、神様の息子、娘にならなければなりません。神様の息子、娘になろうとすれば、アベルとしてカインを救い、父母様の公認を受けなければなりません。父母様の公認を受けるには、父母様の息子と一つにならなければならないのです。今は子女時代なので、私たちが父母様と一つになるには、カイン・アベルの位置を訪ねてきた長子と一つにならなければなりません。直接、父母様と一つにはなれないのです。先生の息子が長子なのです。堕落した長子ではなく、天の前に完成した本然の位置です。皆さんの息子、娘はカインと一つになることにより、アベルの位置の恵沢を受けて天国に入るのです。堕落したことをすべて蕩減《とうげん》し、堕落しなかったという条件をもつのです。

ですから、いつでも祝福家庭は、自分の息子、娘を愛しながら悔い改めなければなりません。自分の息子、娘を愛さなければ、妻を愛することができないのが原理です。カインを探して、アベルを探したあとで父母が出てくるのですが、カインを愛して、アベルを愛することができない位置では、夫婦がお互いに愛することはできないというのです。カインを愛する前には、夫婦の生活もできないのです。

今こそ悔い改めて、秩序を正さなければなりません。皆さんは、子供よりも誰を愛さなければならないかといえば、長子を愛さなければなりません。昔、堕落した世界の復帰過程において、アベルが長子を復帰するために精誠を尽くした以上に、何倍も尽くさなければならないのです。いくら長子を復帰したとしても、個人復帰、家庭復帰、氏族復帰があるように、段階的復帰の路程が残っているのです。一遍に世界舞台にまで復帰された長子をもったという栄光と誇りを、何をもって比較できるでしょうか。「ああ！　神様、感謝いたします」と言わなければなりません。

それが確実に分かったなら、今や誰と一つにならなければなりませんか。（長子です）。十二人の息子たちと、私たちの家族と一つにならなければなりません。私たちが地位を据《す》えた時は、皆さんがみな入籍しなければならないのです。そして、どれかの支派に属さなければなりません。国ができた時は、どれかの支派に属するようになるのです。そうでなければ、父の前に出る道がありません。このような原則があるので、統一家は移動することがないのです。不義の悪党が現れるとしても、原理が一遍に除去するのです。（一九八四・七・一九）

４　今までの自分を捨てて父母以上になりなさい

今まで生きてきたことをみな、放棄してしまわなくてはなりません。今から皆さんは、自分のお父さん、お母さんを見習うのではなく、皆さんがお父さん、お母さん以上にならなければなりません。皆さんだけは、お父さん、お母さんより優れなければなりません。お父さん、お母さんが天の前に立てることのできなかった伝統までも皆さんが立てなければ、お父さん、お母さんの行く道までふさがってしまいます。ですから、後世を通して、父母を復帰するのです。原理で、アベルが父母を復帰するようになっているようにです。

私が祝福してあげた皆さんだけは、この怨讐《おんしゅう》の基地となる基準を越えていくべきことを知らなければなりません。お父さん、お母さんの忠告を受ける二世となってはいけないのです。神様が恥ずかしがるというのです。先生が恥ずかしがるというのです。

お父さん、お母さんのアドバイスを受けるような息子、娘になってはなりません。もしそうなれば、その家庭は滅びてしまいます。その家庭は、もう発展できないのです。今や原理結果主管圏内から直接主管圏に越えていく時ですから、皆さんは跳躍《ちょうやく》しなければなりません。父母の忠告を受ける信仰は駄目なのです。(一九八四・七・一九)

第三節　一つになりなさい

1　カイン・アベル問題と八段階の復帰歴史

いつも問題になるのが、カインとアベルの問題です。カインは、お兄さんとして先に生まれました。ところが、先に生まれたお兄さんはサタン側に立ち、弟のアベルが神側に立ったのです。歴史路程において、これを転換するための闘いをしてきたのです。

アベルがカインを復帰せずしては、父母が地上に現れることができないのです。父母が現れても、父母に侍ることができないのです。ですから、アベルがカインを復帰する歴史は、個人、家庭、氏族、民族、国家、世界、天宙、神様の八段階をかけて蕩減《とうげん》してこなければならなかったのです。（一九八五・八・一六）

2　父母様を中心とした天国の実現

今、私たち統一家においてのアベルとは誰かといえば、先生なのです。また、統一教会自体から見ると、祝福を受けた家庭が祝福を受けていない教会員のアベルなのです。ですから、順理的に一つとなるようになっているのです。同じ原理を学び、同じ父母に侍ることができるという事実は、驚くべきことなのです。ですから、ここに父母がいなければ、けんかが起きてしまうのです。このように見た時、今は順序が逆さまになっています。祝福を受けた家庭が、祝福を受けていない教会員たちに対してアベルの位置にいるにもかかわらず、カイン側に立っても統一教会の教会員たちは反対しないのです。順応するのです。

その次に、統一教会の祝福を受けた家庭と先生の家庭を見た時、誰がアベルでしょうか。先生の直系の子女が統一教会の祝福を受けた家庭の前にアベルの位置にいるのです。ですから、統一教会の食口《シック》は、統一教会の祝福を受けた家庭の前に、無条件で順応しなければなりません。そうでなければ、エデンの園で堕落した蕩減をしなければならない内容の基準が、順理的に解決できないのです。それと同じように、統一教会の祝福を受けた家庭や子女は、統一教会の先生を中心とした、父母様を中心とした直系の子女たちの前に、絶対服従しなければなりません。なぜかというと、ここでカイン・アベル問題を清算しなければならないからです。

今日、先生一代で伝統的基準は、二世、三世まで連結して解決しなければならないという歴史的摂理が残っているのです。神様とアダム・エバとカイン・アベルは三代です、この三代を中心として四位《よんい》基台ができます。三段階を広げていくと四位基台になるのです。三段階を見てみると、おじいさん、お父さん、孫です。ですから、一つの家庭で三代が共に暮らすことが原則なのです。三代がいつも家庭の基礎になるのです。

先生の家庭の息子たちを長子として見れば、お兄さんとして見れば、世の中から復帰されて入ってくる人たちは、次子になるのです。そこで、順応すればよいのです。今からは、信じてついてきさえすれば、長子圏、次子圏が設定されるのです。その長子の行く道についていきさえすれば、統一教会の祝福を受けた家庭はもちろん、二世全体も自動的にアベル圏として設定されるのです。蕩減《とうげん》復帰が必要のない時代に入っていくということなのです。

ですから、初めて順理的な基準が、歴史的なカイン・アベル過程を中心として個人蕩減、家庭蕩減、氏族、民族、国家、世界、天宙史的な、すべての蕩減をし、父母様の勝利の基盤を通して横的な面において父母様の息子、娘が長子圏を成し、統一教会の二世たちが次子圏を身代わりできるようになったのです。このように、長子圏と次子圏が、横的に展開される時代が一致しなければ、地上天国実現は不可能なのです。原理がそうなのです。いくら地上天国を唱えたとしても、長子圏と次子圏が、神様を中心として勝利された父母の基準と血統的因縁を通した関係で結ばれなくては、地上の天国顕現は原理観的な立場からも不可能なのです。（一九八五・八・一六）

3　祖国創建は子女たちが一つになるところから

今日まで、歴史過程におけるカイン・アベルを中心として、長子権復帰の基準を探し求め、世界的蕩減路程をみな父母様が準備したのです。ですから、真《まこと》の父母様の家庭を中心として、長子・次子の権限を世界的基準に連結させ得るのが祝福なのです。この日を、神様がどれほど待ち焦がれ、父母様がどれほど待ち焦がれたことでしょうか。また、この人類がどれほど待ち焦がれたことでしょうか。それによって、三年の期間を中心として、「祖国創建」という標語を下したのです。では、祖国創建はどこから始まるのかといえば、家庭から始まるのです。そのような家庭の位置が定まらない限り、国が一つになれないのです。世界が一つになれないのです。

今日、私たちが家庭から出発することにより、祖国創建の曙光《しょこう》が輝いてくるのです。今は、新しい時代が外的にそのように熟してきたのです。お父様が言われる環境に、すべてが合うように外的に熟してきたので、皆さんが完全に一つになり、これから長子・次子を中心として闘争がなくなる時に、統一家を中心として地上天国理念が実現されるのです。

そのような家庭教会を出発しなければなりません。家庭教会は天国の基地であり、定着地であると教えてきたのですが、これを終わらせなくてはなりません。（一九八五・八・一六）

第四節　二世たちの七年路程

1　祝福家庭と子女たちの行くべき七年路程

皆さんが祝福を受けたからといって、それがすべてではないのです。祝福を受けて、生まれたその位置は長成期完成級なのです。ですから、皆さんは生活において誤ってはなりません。祝福を受けたお父さん、お母さんを通して生まれても、いくら祝福家庭だといっても、行かなければならない七年路程が残っているのです。原理的に見れば、完成期完成級まで進んでいくために、七段階が残っているのです。

アダムとエバが堕落したことにより、家庭が堕落したために、長成期完成級でカインとアベルを生んで上がっていったのではなく、落ちて、下りていったのです。ですから、新しく家庭が天の前に祝福を受けて現れたとしても、長成期完成級から上がっていかなければなりません。上がっていくその位置において、サタンの讒訴《ざんそ》を受けるような環境的与件を残しては駄目なのです。

それで今日、堕落圏内に落ちたこの世界で、祝福家庭を中心として統一教会が長成期完成級から上がっていくとしても、皆さんの周囲と環境はみな、サタンの讒訴圏内にあるのです。それを、誰が解決してくれるのかといえば、皆さんの家庭自体で解決することはできないのです。人類の祖先となるアダムとエバのような人が現れて、これを解決してあげなければ、皆さんの家庭がいくら祝福を受けたといっても、サタン世界を逃れる道はありません。これが原理の骨子なのです。（一九八六・四・八）

2　お父様の七年路程

それゆえ、先生は今までその業《わざ》をしてきたのです。七年路程で、先生の家庭を中心とした世界的蕩減《とうげん》復帰路程の途上で、先生が祝福を受けてお母様を迎え入れる時、サタンの讒訴があってはならないのです。お母様を迎え入れたその日から、讒訴されてはならないのです。本来、アダムとエバが堕落しないで、祝福の位置に立つようになっていたならば、堕落圏もなく、堕落したサタンもいないのです。

解放後十四年が過ぎて、一九六〇年の四月に聖婚式をしたのですが、その時には大韓民国のすべてが、個人から家庭、氏族、民族、国家全体が反対したのです。イエス様の時代に十二使徒が反対したのと同じように、統一教会に従っていた人たちまでも反対したのです。一番親しくしていた人たちの中で、十二人以上が統一教会に、先生に反対する中で蕩減《とうげん》の道を経ていかなければなりませんでした。先生は聖婚式の前日まで、裁判所に出頭して調書を取られる中で、聖婚式をしたのです。それこそ戦いなのです。そのような激戦の中で、今日の基盤を築いてきたのです。

その時の状況がどうだったかといえば、自分のお父さん、お母さん、子女、夫婦が問題ではなかったのです。彼らが、すべてサタン側に立ったのです。それで皆さんのお父さん、お母さんは、自分の家族や氏族に背くことになったのです。自分の氏族に背き、自分の家族に背いたのです。

堕落とは何かといえば、妻に背いたことであり、その次に、真《まこと》の子女に背いたことです。さらに、真の父母に背いたことです。ですから、皆さんのお父さん、お母さんがそのように背いたのは、何を立てるためかといえば、お金でもなく、社会の名誉でもありません。神様をより愛したという基準を立てなければならないからです。

先生がいかに一九六〇年代に父母の位置に立ったといっても、蕩滅復帰をしなければならないのです。父母の位置に立っていることは、七年路程に向かっていくことなのです。では、この七年路程で何をしなければならないかといえば、「父母の日」を策定して、「子女の日」を策定して、「万物の日」を策定しなければなりません。この七年路程で、お母様もそのような位置まで進まなければならないのです。

縦的に主管的主体であるアダムが立てなければならない長成期完成級まで、七年ずつ二回の十四年間の基準を越え、サタンと闘い、国家基準までの基盤を築いたのですが、お母様自身においては、そのようにはなっていなかったのです。横的な位置に立て、七年路程、七年間で、二人合わせてサタンの讒訴《ざんそ》圏を越えていかなければならないのです。ですから、お母様にも七年路程があるのです。

そこで、一九六〇年に聖婚式を行い、一九六八年に、「神の日」を定めたのです。「父母の日」、「子女の日」、「万物の日」を心情的な中心とすることにより、初めて「神の日」を設定したので、神様と先生の家庭が通じるようになったのです。神様と先生が通じ合い、その次に父母と子供が通じ合い、父子の関係で万物とも通じ得る条件的版図が開かれたのです。それは、全体的環境でなく、条件的環境なのです。国家基準に限られたものであり、世界基準ではないのです。ですから世界基準を立てるために先生が韓国で勝利したのち、一九六八年から世界舞台での

蕩減基準を経ていくのです。（一九八六・四・八）

3　二世の行くべき道

それでは、皆さんは真正な意味から、いかに神様を愛するのでしょうか。何よりも神様の愛を貫く思うことができるかというのです。神様の愛を探し求めなければなりません。父母の願いは何でしょうか。愛の道を探していくことです。そうしなければ、世代を受け継いでいけないのです。縦横の歴史を清算して越えていかなければなりません。

祝福家庭で、祝福を受けて育ったといっても、先生がこのような蕩減《とうげん》路程を行かなかったならば、皆さんの家庭にも、二世の祝福はあり得なかったのです。皆さんのお父さん、お母さんは真《まこと》の父母ですか。メシヤとなるためには、蕩減条件が必要なのです。そのためには、すべてのカイン・アベルの血統を、真の父母を中心として分別しなければなりません。

真の父母の言葉に順応しない人はいないのです。批評することも許されないのです。なぜ批評できないのかといえば、万宇宙が必要とする絶対基準を探し立てておいて、愛の基準を立てて進む道を、真の父母として先生は歩んでいるのです。それは、皆さんの祖先たちにも必要であり、数十億いる人類にも必要であり、これから皆さんと皆さんの後孫にも必要なのです。人間世界においては、いつ、いかなる時代であっても、歴史の願うものは、真の愛の基準なのです。その基準を批評する者は、この愛の世界には存在することができないのです。

皆さんは、神様の本然の愛を探していくことにおいて、先生を絶対視する立場に立ちましたか。「私のお父さん、お母さんの話を聞いてから考えてみよう」と言う人たちは、みな粉々になってしまうのです。先生が押し出せば、永遠の崖《がけ》へ落ちてしまいます。ですから、何のひもで結ばれていなければならないかというと、愛のひもで結ばれていなければなりません。（一九八六・四・八）

皆さんは、今や祝福家庭なので、先生の許可がなければ、再び七年路程に出て開拓しなければなりません。（一九八六・四・一二）

皆さんは、先生についてこなければなりません。先生についてきて、国を越え、世界を越え、霊界を越えていかなければなりません。皆さんが先に立ち、思いのままに行くことはできないのです。思いのままに行けるのであれば、私がなぜこのように苦労することがあるでしょうか。そうであれば、皆さんよりも、もっと簡単に行けるのです。行く道は一つしかないのです。

これからは、自分勝手にやる人たちは見ていなさい。もし皆さんが責任をとれなければ、皆さんのお父さんもお母さんも、他の所で再訓練を受けて、蕩滅しなければならないのです。（一九八

（六・四・二七）

4　お父様の七年路程と二世たちの七年路程

先生の一代は、悲惨なものです。アダム時代を蕩減《とうげん》しなければならないし、イエス時代を蕩減しなければならないのです。また、蘇生《そせい》時代を蕩減しなければならず、長成時代を蕩減しなければならず、完成時代を蕩減しなければならないのです。それゆえ、十四年ぶりに統一教会の人たちをみな、先生が四十代になるまで待たせて、祝福したのです。そのためには、国を越えて、イエス様がザカリヤ家庭を中心として一つになれなかったことを、すべて蕩減復帰しなければならないのです。

その次は、長成期完成級という七年路程に、世界的な総攻勢があったのです。その時代に、そのような道を行ったので、皆さんも七年路程を行かなければならないのです。七年路程が残っているのです。分かりますか。それが、歴史的、六千年の聖書歴史を越えることのできるものなのです。ですから、今が歴史的に一番複雑な時なのです。皆さんにとっての転換期なのです。

七年路程をいつから行かなければなりませんか。さっき、「皆さんの祖先たちの時代は、蕩減復帰時代だった」と言ったのですが、皆さんは何の復帰時代なのですか。ただの復帰時代なのです。蕩滅復帰時代とただの復帰時代とは何が違うのでしょうか。それは、サタンを分別しなければならないことです。サタンを分別しなければ、いつまでも繰り返されるのです。

皆さんがこれから息子、娘を教育するためにも、七年路程を行かなければなりません。その期間とは何かというと、完成時代なのです。それゆえ、本来は約婚して三年路程を行き、その次に結婚後、三年路程を行かなければならないのです。今日の統一教会がそうなのです。約婚後に三年路程ではなく、本来は七年路程を歩んで約婚段階に入るのです。ところが、先生が蕩滅したので、それを途中で中止し、三年半としたのです。そうして七年に合わせたのです。

その七年期間にやるべきこととは何かというと、まず経済問題を解決しなければなりません。なぜ経済問題を解決しなければならないかといえば、堕落したからなのです。自分自身がすべてサタン圏にいるために、神様が再びつくり変えるための万物をもっていないのです。肉体までも堕落してしまったために、これをサタン世界から、私自身を再創造するための物質を探してこなければなりません。エバは、アダムが失ってしまったすべての物質を代わりに探して、蕩滅するのです。ですから、皆さん自身を神様の前に再創造するための、物質を探してこなければならないのです。

物質を探して、その次は一線に出て、自分の相対を探してこなければなりません。相対を探すには、三人の信仰の息子、娘がいなければなりません。三人の信仰の息子、娘がいなければ、相対を探せないのです。それはなぜかというと、三天使長を屈服させた基準を立てなければアダムの位置に上がっていけないからです。それで、信仰の息子、娘を探すために、自分に一番反対する村に行かなければならないのです。その村の、隣の村では駄目なのです。面《ミョン》（注：行政区画の一つで日本の村に当たる）であれば、三つの面を経なければならず、郡《クン》であれば、三つの郡を経なければなりません。自分の故郷の地では、復帰ができないのです。サタンの一線へ行って探してこなければならないのです。

このようにして、三人の信仰の息子、娘を復帰したあとで祝福を受けることができるのです。皆さんには、三人の信仰の息子、娘がいますか。皆さんには、そのような条件は必要ないのです。けれども、信仰の条件を探し立てるために努力する人々以上に、皆さんは努力しなければなりません。個人、家庭、氏族、民族、国家、世界まで、一回りして来なければなりません。そのようにして、世界カナン復帰をしていくのです。（一九八六・四・八）

5　行かなければならない七年路程

先生が、皆さんのお父さん、お母さんたちを結婚させてあげたので、皆さんが生まれたのです。皆さんのお父さん、お母さんが統一教会に入っていなかったならば、どんな存在となって生まれていたことでしょうか。きっと変に生まれていたことでしょう。今回、結婚し、「学校もみなほっておいて、三年、七年路程に出ていくように」と言えば、行きますか。

本来の七年路程とは、女性が七年、男性が七年として、十四年の基準に合わせせなければなりません。皆さんは七年路程に出て苦労しなければなりません。先生は皆さんと同じ十代に、八道江《パルドカン》山《サン》（注：韓半島全体をいう）をすべて回ったのです。全国を回ったのです。（一九八六・四・八）

第五節　カナン福地に入った二世の姿勢

1　カナン福地に入った二世の姿勢

皆さんが感謝しなければならないことは、四十年カナン復帰路程を経て、今、統一教会はカナン福地へ既に入ってきているということです。民族的基準においても、これからは統一教会をふさぐ道がないというのです。統一教会の風に従っていかなければ、国家も存続できないということを、すべての人々が感じる段階に入ってきたのです。

それゆえ、これからは、機関車となって、砲弾となって撃破し、新しい歴史を展開しなければならないのです。そのことを誰が宣布するかというと、過去の皆さんの父母ではありません。皆さんなのです。（一九八六・四・二二）

2 イスラエル民族の教訓と私たちの姿勢

イスラエル民族は、どこで滅びたかといえば、荒野四十年路程中に一世はみな死んだのですが、イスラエルの国は滅びなかったのです。では、どこで滅びたのでしょうか。イスラエルの国の望みであるカナン福地に向かっていったのです。カナンの福地に入ってから滅びたのです。滅びた原因はどこにあったかといえば、神様のみ旨を中心として、指導者が定めたことに一致できず、環境に吸収されたので滅びたのです。そして北朝十支派、南朝二支派に分かれてしまったのです。

もし皆さんが滅びるとすれば、どこで滅びるのかということをはっきり知らなければなりません。祝福を受けた位置から滅びの道が生じるのです。皆さんは歴史的事実を知ることにより、誤った過去を参考にして、時代的使命において滅びる道を越えていかなければならないのです。ですから、一日一日の生活が習慣化されてはいけないのです。

皆さんは、きょうの位置から、あすの位置へと発展していかなければなりません。その次に、再び発展して進んでいかなければなりません。皆さんから、新しい家庭、新しい氏族、新しい民族、新しい国家形成をしていくのです。皆さんは、今の基準で停止してしまってはなりません。あすに向かって、もっと発展するために、日々の生活が習慣化されないようにしなければなりません。

ですから皆さんは、これからみ旨を成し遂げるためにも、神学を勉強するために頭に鉢巻きをするようにして努力しなければならないのです。先生が経済学についていくと思いますか。先生が政治学を参考にすると思いますか。先生は、それを切って、一掃するのです。神様は、そのにおいすらもかぎたくないし、その姿を見るのも嫌なのです。（一九八六・四・一二）

3　この世に勝って神様の権威を立てること

皆さんはすべて、世に勝たなければなりません。この世の上位に立たなければなりません。世の中に埋もれてはなりません。頂上に上がっていかなければならないので、この世の人々がついてくることもできないような、苦難の道を行くのです。統一教会は、その道を行くのです。神様も、その道を行くのです。すべて上位に立とうとするので、サタン世界が譲歩しないのです。ですから、上にいる者たちを屈服させるためには、反対の道をとって下りていかなければなりません。

皆さんは戦い、頂上に上がっていく自信がありますか。そのためには、反対に下りていくことです。そこで、反対する者たちは滅び、皆さんは栄えるのです。これが摂理の秘密の路程です。

最上の位置で指導するためには、闘って勝利していかなければなりません。命を懸け、魂を懸けて勝利の道をとってきたので、神様は、宗教を立てて迫害の道を経てきたのです。それゆえ、先生の一生は、迫害の道であったということを忘れてはなりません。

先生は、歓迎を受ける環境を望まなかったのです。勝利すれば、必ず褒《ほ》めたたえられます。しかし、私は褒めたたえられることを避けてきたのです。なぜかというと、イスラエル民族が環境に吸収されて滅んだからです。今や、統一教会が世界的に歓迎を受けるようになっても、私は、その歓迎の場には出ないのです。その反対の道を行くのです。

このようにしながら、神様の権威を立ててあげなければなりません。今に、統一家に反対する者はいなくなるのです。今から、二世たちを駆り立てていかなければならないのですが、皆さんには、そこに行ける資格がないということを知らなければなりません。天が指示した目標に向かい、すべてを捨てて直行しようという決意をもたなければなりません。（一九八六・四・一二）

4　み旨の道と進学問題

今日、統一教会の「三十六家庭」から、すべての家庭が、世俗的な風土に習慣化されてしまったのです。「私たちの息子、娘を勉強させなければなりません。勉強させなければ出世できません」と言います。「勉強すれば出世する」と言いますが、それは間違いです。国をどれだけ愛するか、神様をどれだけ愛するかということが貴いのであり、どれだけ知っているかが貴いのではありません。知っているだけでは駄目なのです。

神様は、何かを知るために私たちを造ったのではないのです。創造理想は、知識によって成し遂げられるものではありません。創造理想のみ旨、私たちの理想は、知識によって、権力によって、お金によって成し遂げられるのではありません。それは、愛によって成し遂げられるものなのです。皆さんのお父さん、お母さんが、「勉強しなさい。勉強しなさい」と言えば、足でけ飛ばしてしまいなさい。今まで私は、大学院へ行くことを許さなかったのです。天を愛したのちに、国を愛したのちに、そして自分の氏族を愛したのちに、自分の家庭を愛したのちに、大学院が必要なのです。みなそうなっているのです。

大学を卒業できなかった人たちは、全体が完成する時まですべての力を注いで協助して、その次に学校に行ってもいいのです。本来は、先生の息子、娘が大学院に行けなければ、皆さんも行けないようになっているのです。先生の息子、娘だから言うのではありません。天の法度《はっと》がそうなっているのです。芽が大きくなるので、枝が伸びるのです。芽よりも枝が多ければ、それは滅びてしまうのです。皆さんが孝進《ヒョヂン》に、「よく勉強してください」と、激励してあげなければなりません。統一教会の会員は、そのような心掛けで協助しなければならないのです。原理がそうな

っているのです。（一九八六・四・一二）

5　二世たちの行くべき道

皆さんの中で、出世しようとして勉強する人は、大きな峠は越えていけないのです。誰かが引っ張ってあげなければ、ヒマラヤ山頂を越えていけないのです。みなつまずいてしまいます。第一に、習慣化されてはいけないということです。「祝福を受けたので、他人と同じように生きてみよう」と言っても、皆さんには召命があるのです。責任があるのです。カナン復帰をした民族は、イスラエルの国を創建する責任があるのです。国を建てなければなりません。

その次は何かといえば、イスラエル民族はカナン復帰をしてから滅びたので、皆さんも祝福を受けてから、統一教会の中で滅びるということも起こるのです。なぜかといえば、世の中の栄華を望むからです。これは、みな滅びる道です。

三番目は何でしたか。最高の苦難の道を行きなさいということです。それゆえ、乞食《こじき》のような格好で、ふろしきに包んで出ていくのです。そして、国を救うのです。「夫婦の暗行御使《アムヘンオサ》（注：朝鮮王朝時代に勅命《ちょくめい》で地方の行政および民情を調査した人）になってみよう」という心が必要なのです。

それで誰が先に立つのかといえば、「み旨のために生きる者が先に立とう」と言えば、異議はないのです。これが分からない人は、絶対に先に立てないのです。そのような人は、夫であっても、ほおをたたいてでも、引っ張っていかなければなりません。

先生も、皆さんと同じです。世の習慣性を屈服させなければなりません。ですから「天宙主管を願う前に、自己主管を完成せよ」という言葉が必要なのです。習慣というのは、どれほど怖いものか知れません。名節（注：韓国の正月、お盆など）の時になると、良いものを食べたいし、良いものを着たいし、たくさん遊びたくなるのです。

先生は日本統治の環境下で、勉強して出世しようと横柄に生きる者たちには、ついていかなかったのです。環境には絶対についていかなかったのです。ですから、怨讐《おんしゅう》の国で獄衣を着て、冷たい監獄に入る身になっても、その道を行こうとしてきたのです。苦労の道を自分で決定したのです。

ある日、ある時、先生が「北朝鮮に行きなさい」と言ったとしても、異議があってはなりません。そのような人が必要なのです。そのような人たちがいてこそ、天国創建が可能になるのです。それが伝統として立てられなくてはなりません。この三つを忘れてはなりません。（一九八六・四・一二）

6　先生が歩んだみ旨の道

先生が皆さんと同じ年齢の時には、絶対に話をしませんでした。自分の行くべき道を探していくにおいて、道理を明らかにできず、自分すら立つことができていないのに、何の話をする必要があるというのでしょうか。私が口を開く日には、天下は私を止めることができないのです。そのような自らを育てていかなくてはなりません。騒いで、彷徨《ほうこう》するような位置では、自らを育てることはできません。

ですから、そのような人生行路において、誰よりも苦労したのです。先生は乞食《こじき》の生活から始めたのです。乞食も救われなければなりません。それで、乞食の役もしたし、肉体労働をする現場に行き、労働者の責任者の役もしてみて、農夫の役もしてみて、漁夫の役もしてみて、鉱山の仕事もし、洞穴を掘ったりもしたのです。鉱山の坑木を立てることも、すべてしてきたのです。炭を焼くことまでもみな、習ったのです。なぜかというと、み旨を成すために、もし私が追われるようになり、山の中に入っても、天の召命に対する責任を果たさなくてはならないからです。

そのように歩んできたので、今日、統一教会の教主になったのです。私には、大変難しかったのです。本当に難しいことでした。しかし、それを誰かがしなければならないのです。私の息子、娘の前に、私たちの民族の前に、そのまま残してはならないので、私は難しくても今日までやってきたのです。それで私は、民族に対して涙をたくさん流し、この世界のためにたくさん涙を流したのです。彼らの前に苦労を残していきたくないので、「私がきれいに責任をとります」と言って、この業《わざ》をしてきたのです。そうして、世界統一国の宣布まで成してきたのです。今や、私が死んで天の国に行っても、「お前は責任を果たさなかった」と言われないようになっているのです。（一九八八・一〇・一六）

第四章

二世の祝福と夫婦の道

第一節　男女の真《まこと》の愛観

1　神様が天地万物を創造された動機

神様に必要なものとは何でしょうか。神様には、お金も必要なく、知識も必要ありません。誇れるものは何もありません。神様は真理の王であり、知識の王です。また、「私は、ある国の大統領をしてきました」と言えば、「こいつめ」と言われるのです。神様の前で、大統領の権威を認めてほしいというのですが、それは、神様がいつももっていらっしゃるものです。神様に必要なものは、愛だというのです。（一九八九・一・六）

神様が天地万物を創造するようになった動機とは何でしょうか。根本的な問題に入ります。すべてのものの王であられるのに、一つだけあるにはあるのですが、使用することのできないものがあるのです。それは何かというと、愛なのです。心に愛はあるのですが、使うことができないのです。触って、つねって、かみちぎって、ののしって、刺激を与えたいのに、それができません。皆さんもそうでしょう？　何か良い物があれば、後ろを見て、前を見て、開けてみたいのです。知りたいのです。ところが愛だけは、神様一人ではどうにもできないのです。これが問題なのです。

神様は、とても退屈だったというのです。神様のことを考えてみてください。何億、何万年、独りで「ああ、天下に、万有の大主宰《だいしゅさい》のみ座に座っているので、うれしい」と言って、じっとしていらっしゃるでしょうか。それほど惨めで、やり切れないことはありません。皆さんも友達がいなければ、物寂しいでしょう？　（一九八八・一〇・一六）

2　宇宙をペア・システムで造られた理由

神様の愛を中心として愛し合おうとすれば、この宇宙は、どのようにならなければならないのでしょうか。神様だけを愛していてはいけないので、この宇宙もすべて、ペア・システムで造られたのです。理論的なのです。

皆さん、「それは違う」と言えないのです。例えば、水晶《すいしょう》の結晶体《けっしょうたい》はどのようにできるのかというと、くっついて、くっついて、くっついて、ペア同士がくっつきました。そのような相対的概念が連結され、拡大されていくのです。皆さんの目には見えないのですが、みなそのように作用をしているのです。

ですから、宇宙はどのように生じたのかといえば、愛の概念を標準として造られたので、すべてのものは、その愛の前に和動し得るようになっているのです。そのためには、主体・対象関係でなければならないのです。独りでは愛することができないのです。したがって主体・対象の概念を中心として愛で連結されるために、全宇宙は、ペア・システムになっているのです。鉱物世界も、みなペアになっています。異なるペアのものに、神様が「おい、お前。こっちに来て、これとくっつきなさい」と言っても、その命令は聞けないのです。それは、神様にもできないことです。

真《まこと》の愛の理想とは、必ず、与えて受ける素性《そせい》によって内性と外形が和合する、その因縁《いんねん》に従わなければなりません。それができないままで作動するのは、それ自体が消耗《しょうもう》することなのです。損失です。ですから、宇宙がペア・システムになっているという事実を見た時、先生の言うことは理論的なのです。天地創造は愛というタイトルを中心としてできたので、すべてのものがそうであるのは理論的なのです。

神様は知恵の王様であられるので、それをすべて分かって、微生物をはじめとして、すべての動物をペアとしてつくられたのです。そして、永生を謳《うた》う愛を中心として存続するのが宇宙なのです。（一九八八・一〇・一六）

3　男性と女性が生まれた理由

自分を知らなければなりません。自分が誰なのかというと、縦的な神様を中心とした愛の継承《けいしょう》者《しゃ》であり、横的な真の父母の愛を中心とした愛の継承者であり、その結実体として生まれたのです。そういう存在でなければならないのです。しかし今日の人間たちは、体と心が自動的に九〇度の角度で一つになって生まれることができないのです。それは堕落のゆえに、サタンの血統を通して生まれたからです。

サタンとは何かといえば、アダムとエバを保護することができずに、相対理想を破壊した存在なのです。神様に反逆した存在です。宇宙力で保護されていたのに、それを侵犯《しんぱん》して奪っていったのです。神様の本質的な愛の前に、また違うプラスとして登場し、二律背反《にりつはいはん》的《てき》な立場になったのです。そのために、体と心が永遠の歴史の怨讐《おんしゅう》となって闘い続けています。

これを除去することが、宗教の使命なのです。宗教は、そのような真理が分からなければ解放されないのです。理論的にすべてのことを解明してこそ、実体的社会環境に存在性を付与し得るのです。理論に合っていない存在性は、残らないのです。ですから、愛の道を探していかなければならない人間である、ということを知らなければなりません。

人間とは何でしょうか。人間といえば、男性と女性がいるのですが、男性は何であり、女性は何なのでしょうか。なぜ生まれたのですか。皆さんは、女性として生まれたことを嘆いたでしょう？「男性として生まれれば良かったのに、なぜ女性に生まれたのか」と言って嘆きませんでしたか。それは、心配するに及びません。

男性が外に出掛けていって、あらゆるものをつかんで帰ってきた時に、誇ることのできる対象とは誰でしょうか。平面的に誇れる人は、妻しかいないのです。男性は東西南北を歩き回り、春夏秋冬の四季を通して自分が何かを得たり、何かを成したりした時には、それをすべて妻にあげるのです。男性が収穫《しゅうかく》したものを守れる主人は、女性なのです。のちには、愛までももってきて与えようとするのです。男性は与えようとし、それを女性は受けるのです。

お嫁に行く女性に、「あなたは、どうしてお嫁に行くのですか」と尋ねると、「愛されるために行く」と言うのです。「愛するために行く」という言葉は、聞いたことがありません。しかし、女性は愛されると同時に、背後で愛さなければなりません。球形なので、男性がプラスのほうから来たならば、女性は、マイナスのほうから返してあげなければなりません。そのように返してあげれば、愛を中心として生命が回るのです。

男性も愛を中心として、妻の背後から支えていかなければならず、女性も夫の背後から支えていかなければなりません。そうすれば、球形が生じるのです。球形の中で包括《ほうかつ》された夫婦としてのみ、九〇度を中心として中央線の近くに立つことができるのです。このように見た時、男性と女性が、なぜ生まれたのでしょうか。簡単なのです。男性は女性のために生まれたのです。

けんかをするために生まれたのですか、好きになるために生まれたのですか。好きになるためにですね。愛する妻のことを考える時は、みな許してあげられるのです。愛する夫のことを考える時は、どんなことがあっても腹を立ててはいけません。腹を立てたとしても、球形を外れてはいけないのです。初めて目を合わせた時の因縁《いんねん》を尊重視しなければなりません。そこから外れると、宇宙から追放されるのです。（一九八九・一・六）

4　愛は直短距離を通るもの

愛は、神様も好きでしょう？　好きなのか好きでないのか、分かりますか。そのようなことを感じたことがありますか、体験したことがありますか。霊的な神様が、愛が好きかどうか分かりますか。電気の線があるとすれば、電気が通ることが分かりますか、誰にでも分かりますか。電気の器械で計れば、感応《かんのう》するので分かるのです。でなければ、分かりません。

見えない電気を現象的に感じるというのは、本性《ほんせい》的に通じる刺激を感じるということです。愛も同じなのです。もし、堕落がなかったならば、神様が悲しまれると、皆さんも自然に悲しくなるし、神様が喜ばれると、皆さんも自然にうれしくなるのです。

愛が恋しくて泣く人の話を聞くと、胸がじーんとしてくるでしょう？　それは、なぜでしょうか。皆さんがそのような要素をもっているからなのです。共通性をもっているのです。

それゆえ、愛をかき抱いて、人類に対して神様が泣いていらっしゃるのならば、人間はその神様をけ飛ばしてしまうでしょうか、歓迎するでしょうか。このように見たとき、神様が愛以外で泣かれれば、人々はみな否定するかもしれないのですが、神様が愛を中心として、恋しくて、愛の目的を達成できなくて悲しく、切なく思うときには、あらゆる万物が同情し、そこにみな協助しようとするのです。それは、愛が作用する世界の道理なのです。これは永遠に不変なのです。

より大きな愛を中心として、気が狂うように恋しい心をもってあえぐ人は、国なら国が動き、家庭が動き、世界が動くのです。

それでは、どこで結ばれるのでしょうか。どこで、そのようにくくられるのかというのです。角度はどうして九〇度なのかというと、愛は直短距離を通るからです。そこで、男性と女性は横的な代表者であると同時に、互いに行く道は一つしかありません。絶対に一つです。二つはありません。なぜならば、愛は直短距離を通るので、九〇度に合わせなければならないからです。垂直と水平が愛を中心として、直短距離を通るために、九〇度のほかは必要ないというのです。九〇度でなければならないのは、理論的にも正しい結論なのです。

愛は、なぜ垂直なのでしょうか。縦的に一番近い距離とは何ですか。一番上にある愛が一番近い所になくてはならないので、そのように上下で連結するのです。それゆえ、愛だけは、万有においで直短距離で通じるようになっているのです。ですから、上にいるものが下に下りてくる時には、直短距離で下りてくるのです。それが垂直なのです。（一九八九・一・六）

5　愛は円形を描きながら大きくなっていく

皆さん、愛が必要ですか。（はい）。愛は円形を描いて進んでいくのです。だんだん小さくなるのではなく、だんだん大きくなっていかなければなりません。愛は大きくなっていく属性をもっているので、個人的愛よりも、家庭的愛を追求するのです。皆さんもそうでしょう？　個人的愛よりも、家庭的愛を追求するのです。そのためには、自分の家庭だけでは駄目なのです。氏族が必要なのです。氏族が必要なので、螺旋形《らせんけい》に拡大運動をしながら発展するのです。

統一教会ではこれを、「個人は家庭のために」と言うのです。なぜかというと、大きな愛の世界を連結させようとするからです。国は世界のために、世界は天宙のために、天宙は神様のために、神様は愛のために現れたのです。

それゆえ、この地のすべての存在は、愛に吸収されようとするのです。人もそうです。夫と妻とが共に暮らすようになる時、夫がとても愛してくれるのですが、それ以上に強い愛があるとすれば、それにくっついていくのです。もっと大きな愛をもてば、夫婦同士でも離すことができるのです。愛国心に燃え、世界を中心として、すべてを抱き得る愛の世界があることを知るようになる時は、家庭を捨てて出ていくのです。それは悪いことではありません。妻がしがみついて、「私と暮らしてください」と言って、いくら泣きわめいても、大きな愛のためには妻もけ飛ばし、子供たちもけ飛ばすのです。その大きな愛に従って出ていく人々が、神側により近いので、それを善だというのです。

第二節　真《まこと》の結婚観と理想相対

1　男性と女性が結婚する目的

女性が生まれたのは、何のためですか。（男性のためです）。では、男性は何のために生まれたのですか。（女性のためです）。そのとおりです。今日まで、人間は、なぜ生まれたのか分からなかったのです。簡単なことが分からなかったのです。神様がなぜアダムとエバを造られたのかというと、男性の愛、女性の愛が恋しくて造られたのです。ですから、神様の愛は、人間を通り越して探すことはできないのです。

愛は、一人では成し遂げられません。相対関係で成し遂げられるものなのです。神様が天地を創造されたのも、相対圏をつくり、相対的環境を私たち人間に提示するためなのです。それゆえ、すべての自然は、愛の展示場なのです。主人になるためのアダムとエバを中心として、東西南北を眺めた時に、すべての存在が教材となるのです。何の教材かといえば、愛の教材なのです。それゆえ、自然を愛せない人は、人を愛することはできません。人を愛することができない人は、家庭をもつことができません。

神様の前に、なぜアダムを造ったのかと尋ねてみると、もちろん、神様のためでもあるのですが、神様の愛する娘のために造ったというのです。ですから、男性は何のために生まれたのかといえば、女性のために生まれた、ということになるのです。すなわち、愛するエバのためにアダムを造ったというのです。

同様に、神様はなぜエバを造ったのかといえば、アダムを愛する女性が必要だからです。そして、なぜ女性を造ったのかといえば、アダムのために造られたのです。ですから、二人は互いに入れ替わって生まれたのです。それで、アダムの愛はエバがもっていて、エバの愛はアダムがもっているのです。皆さんの至聖所《しせいじょ》は、自分のものではないということです。

先生が今まで祈祷して調べ、その問題が分かってみると、簡単な内容なのです。女性はなぜお嫁に行こうとするのかといえば、自分の主人を探し出すためなのです。その主人とは誰かといえば、男性なのです。また、男性はどうして妻をもらおうとするのかといえば、自分の主人を探し出すためなのです。互いに入れ替わらなければ、主人を探し出すことができないので、愛というものを中心として、必ず男性と女性は一つにならなければならないということです。（一九八六・四・八）

2　統一教会の真《まこと》の結婚観

堕落した世界において、愛というものは危険なものです。エデンの園では、アダムとエバしかいなかったのです。女性は、エバしかいなかったのです。しかし、この堕落した世界には、いくらでも女性がいるのです。その女性たちがみな、昼夜の別なく男性たちを誘い出そうとして大騒ぎしているのです。ですから、男性たちは、自分の立場を守っていくことがどれほど大変でしょうか。また、それは、女性たちも同じなのです。

それゆえ、結婚すれば男性は、他の女性と会うべきではないのです。では、他の女性たちに、どのように対すべきなのでしょうか。キャンキャン騒ぐ隣の犬に対するようにしなさいというのです。そのように思っても、誰も何も言いません。言いさえしなければいいのです。また、女性たちは、自分の夫以外の男性たちを、何だと思えばいいのでしょうか。隣の犬です。

ですから、結婚したのちには、必ず二人がくっついていなければならないのです。堕落とは、管理を誤ったことなのです。また、自分だけを絶対視させるように、そのように近い愛で愛せなかったのです。（一九八六・三・二一）

3　責任分担と理想相対

皆さんは、責任分担が重要なことを知らなければなりません。神様がアダムに対して、責任分担の重要性を先生のように説明してくださったならば、アダムは堕落しなかったことでしょう。「こいつ。取って食べてはならない。責任分担だ、責任分担だ！」と、夜も昼も、責任分担の大切さを叫んだならば、堕落はしなかったことでしょう。

体格の良い夫をもらわないといけないと考えているでしょう？　夫は体格が良くて、背が高くないといけないと思っているでしょう？　けちであったり、背が低かったりすれば、駄目と思っているでしょう？　ですから私は、一番背が低い夫を選んであげようと思うのです。それが、蕩滅《とうげん》復帰なのです。背の低い男性は背の高い女性をもらえば、恨みが晴れるでしょう。やせている女性は、太っている男性をもらえば、恨みが晴れるでしょう。

東と西とは正反対なのですが、センターがあるので一致できるのです。センターがなければ、永遠に一致することはできません。センターは、お父様です。お父様を中心として、東西南北はいつでも一致できるのです。

東西がセンターを決定するのでしょうか、センターが東西を決定するのでしょうか。センターのために東西南北が生じるのです。センターのゆえに三六〇度が生じるのです。東のゆえに西が生じ、東西のゆえに三六〇度が生じるのではありません。センターのゆえに生じるのです。センターを保護するために生じるのです。その定義を確実に下さなければなりません。センターは一つしかありません。ですから、私が決定しなければならないのです。

エデンの園のセンターとは誰でしょうか。神様がセンターなのです。その時、二人しかいないのに、エバが失敗して、片目になったならばどうなっていたでしょうか。エデンの園で串《くし》のようなもので目を刺したならば、目が見えなくなっていたでしょうか、いなかったでしょうか。行くなというのに、行って、その途中で倒れて串が目に刺されば、目は見えなくなるのです。二つの目が見えなくなった時には、盲目になるのです。

だからといって、アダムが言うには、「神様、本来の創造理想から見たときに、目が二つあってこそ、私の理想的相対なのに、二つの目がつぶれて盲目になってしまったので、もう一度創造してください」。それは可能でしょうか。その盲目の人が、自分の妹であると同時に妻になるのです。また、アダムはエバに対し、お兄さんであると同時に夫になるのです。ですから、好きでも嫌いでも、盲目の妹と一緒に暮らしながら、導いてあげなければならないのが兄の責任であり、夫の責任なのです。（一九八四・七・一〇）

あなたは、お父さんとお母さんがとても批判的なので、「これはどうの、あれはどうの、目も格好悪い、鼻も格好悪い、耳も格好悪い。ああ、体も格好悪い。ああ、乞食《こじき》よりも悪いよ！」と言いながら、とても批判的なのです。ですから、何を見ても批判的でないタイプの人を選んであげようと思うのです。先生の話が何か分かりましたか。先生がどんな男性を選んであげても、ちゃんと従っていくことです。

愛の道は、宇宙が歓迎する道なのですが、自分を中心とすれば、宇宙が歓迎するでしょうか。歓迎されるのは、権力ではできないのです。「ため」に生きる位置に立たなければなりません。男性が一人の女性に会った時、その姿が問題ではなく、心掛けが問題なのです。（一九八四・七・八）

人は、春夏秋冬と季節が異なるように、みな違うのです。ですから、生まれる時、夏の季節に生まれた人もいるし、秋の季節に生まれた人もいるし、冬の季節に生まれた人もいるし、春の季節に生まれた人もいるのです。春の季節に生まれた人は、夏を通らなければならないし、冬に生まれた人は、春についていかなければならないのです。行く方向が違うのです。地球が回るので、行くべき方向が違ってくるのです。ある人は上っていく運勢を行かなければならず、ある人は下りていく運勢を行かなければならないのです。ところが、下りていく運勢の人が、下りていく人と出会えば、二人ともめちゃくちゃになるのです。交通事故が起きて、二人とも死ぬようなことが起こるのです。ですから、下りていく運勢の男性であれば、苦労しないで上っていける運勢の女性をもらわなければなりません。

そのように、出会わなければならないのです。しかし、初めは合わないので、約三年、四年かけて合わせなければならないのです。三年、四年の間に春夏秋冬が入れ替わるのです。（先生が黒板を使って説明される）これ（A）が春から、これ（B）が秋の季節から出発したのならば、これは（AかB）早くついて回らなければならないのです。ですから、二人のうち誰か一人は、ついていって合わせなければならないのです。どちらかが合わせなくてはならないのです。

皆さんは、自分の生まれた天性が何の季節に符合しているか分かりますか。下りていく季節なのか、上っていく季節なのか。それでなければ、横切っていく季節なのか、相対型なのか、反対型なのか。これがすべて違うのです。それを初めに合わせて、行かなければならないのです。三年の間は合わせなければなりません。そのような運命の道を開拓しなければならない道が残っているのです。皆さんが結婚したからといって、それで済むことではないのです。

本当に結婚が問題なのです。結婚を正しくしないといけないのです。道端で会った人が、よく見えるからといって結婚すれば、長くは続かないのです。皆さんの目は、すべて夏なので、青く見えるのです。青い木があり、美しい実があって、からすやかささぎが飛び回っているので、よく見えるのです。誰もその木が、何の木なのか知らずに、接《つ》ぎ木《き》してしまえばおしまいなのです。木は、同じ木同士で接ぎ木しなければなりません。分科の境界線があるのです。（一九八二・一〇・二〇）

4　理想相対に会う前に果たすべき責任

理想相対というのは、後日のことです。まず、自分がどのようにすれば早く完成するのか、ということが問題なのです。自分が完全な主体となるのか、完全なる相対となるのかという決定をしなければ、完全な理想相対は生まれてこないのです。ですから、先決問題は、自分自身が完成するということなのです。

皆さんが思春期になれば、異性を愛そうとするのですが、それより先に、父母を愛したという条件を立てなければならないのです。「孝行息子、孝行娘よ」と言われるようになれば、神様の愛と関係を結べるようになるのです。これが、原理原則です。創造原則なのです。

理想相対を考える前に、まず自分自らが父母の前に孝行者にならなければなりません。父母が孝子として公認できる愛の因縁をもたなければならないのです。そのためには、父母と一つにならなければなりません。孝行をしようとすれば、兄弟同士が一つにならなければなりません。家庭において、誰もが「本当に模範だ」と言う話が出てこなければなりません。それが終わったのちに、理想相対が始まるのです。（一九七八・一〇・九）

女性は、いくらでもいるのです。男性も、いくらでもいるのです。男性が自分の行くべき道も決定できないで、女性に「首をくくって死んでやる」などと言っては、すべて流れていって、ごみ箱にしかなれないのです。先生は、そんな過去がなくても、みなよく知っている人です。そんなことは、すべて分かるというのです。

男性にとっては、女性が怨讐《おんしゅう》です。女性にとっては、男性が怨讐です。自分の行くべき道を定めたならば、不人情《ふにんじょう》でなければなりません。ありったけの精力をそこに注いで、早く基盤をつくり、それから女性を迎え入れなければなりません。そこで女性は、男性に侍っていかなければなりません。一生は一度しかないのです。もし、この地上世界で誤ってしまえば、大変なことになるのです。（一九八二・一〇・二〇）

5　相対を得る前に自己主管を完成すること

先生が今までこの道を歩んでくる中で、先生自身の標語は何であったかというと、最初の標語が「宇宙主管を願う前に、自己主管を完成せよ」ということです。相対主管完成ではありません。愛において、欲望ということは大きな問題なのです。自分を中心とする欲望が大きく、自分を立てようとする欲望が大きく、自分を中心として外的世界を支配しようとしますが、自分を主管することがもっと難しいのです。ですから、宇宙主管を願う前に自己主管を完成することです。これが幼い時から今日まで、先生の立ててきた標語だったのです。

それでは、自己主管を完成する自信がありますか。どんなに自信があるといっても、男性の前に一番恐ろしい破壊分子が女性なのです。女性の前には、破壊分子は誰ですか。（男性です）。

皆さんも、十五、十六歳になれば、男性が訪ねてくることは嫌ではないでしょう？　男性に対する関心がしょっちゅう起こってくるでしょう？（違います）。それは、うそです。「違う」と言っても、一年生の時はそうだけれど、二年生になり、三年生になり、高等学校の一年生になり、二年生になり、三年生になるとそうなるのです。皆さんが「違います」と言っても、それはうそです。

それでは、女性の皆さんに一つ尋ねてみましょう。男性に見られると、変に恥ずかしくなって胸がドキドキするでしょう？　それはどういうことかというと、男性に関心をもっているということなのです。関心をもっていなければ、どうして顔が赤くなるのでしょうか。

自己主管完成において、一番難しいことは寝ないこと、おなかのすくこと、そして愛なのです。その中でも、一番大変なのが愛なのです。御飯を食べることも我慢《がまん》できるし、寝ることも我慢できますが、愛に対する問題は我慢することが難しいのです。ですから、東洋思想では、「男女、七歳にして席を同じくせず」という言葉が残っているのです。愛が一番危険なのです。ダイナマイトと同じです。お互いに好きになれば、火がついてパチパチと燃え上がって爆発してしまい、体がずたずたになって飛んでいき、首が取れてしまうのです。極めて危険なことです。

ですから、理想相対ということは、今の自分には遠いものであることを知って、早く自分自身の完成をしなければなりません。皆さん、娘さんたち、十七、十八、十九歳になれば、もう体も大きくなったので、美男子と二人、綱でぎゅうぎゅうに縛りつけられて、一つの部屋に入れられたとしても、背中で氷が凍るようでなければなりません。男性が、氷のように冷たく感じて、「ああ、嫌だ!」と言うようにならなければなりません。「ああ、熱い電気が通る!」と言っては駄目なのです。「ああ、どうしてこんなに冷たいのか。まるで氷みたいだなあ! これは何だ!」と言うようになってこそ、完成したエバ、あるいは完成したアダムという公認を受けることができるのです。これは大変なことなのです。そのようにして、堕落線から解放され、理想相

対を得ることができるのです。原理がそうなっているのです。（一九七八・一〇・九）

6　人を見る法

神様は人を見る時に、まず心を見透かして、その次に過去を見て、さらには現在を土台にして未来を見るのです。若い皆さんは、これからそんな面を重要視しなければなりません。人を見る時、顔を見て選ぶのではなく、その人の心がどうなのか、その人の過去と現在の生活を中心として未来はどうなのか、というような面を見て、人を選ぶすべを知らなければなりません。

顔は、窓と同じなのです。顔を見ると、何種類に見えるのかといえば、四種類に見えるのです。ですから、顔は不細工《ぶさいく》でも品行を端正《たんせい》にして、厚徳な心をもたなければなりません。神様は、世界をすべてひっくり返して人を探すとすれば、どんな人を探そうとするのかといえば、世界のように大きな人です。目が世界のように大きく、手が世界のように大きければ、どこに行っても歓迎されるのです。心を大きくもてば、調和がとれるのです。ですから、顔よりも心を中心として、徳望の高い心を備えて生きるべきです。

それでは皆さんは、未来に顔のきれいな妻を迎えますか、心の清い妻を迎えますか。（心の清い人です）。女の子たちは、すてきで体格のいい美男子をもらうのでしょうか、心の清い普通の男性をもらうのでしょうか。心も清く、体格も良ければ一番いいのですが、二つとも良いわけにはいかないのです。そんな人は、途中で壊れてしまうのです。太陽の出ていない薄暗い日に風船を浮かせれば、よく上がっていくのですが、太陽の出た日に風船を浮かせると、風船が割れてしまうのです。

ですから、顔がきれいで、毎日のように服を着替えて歩き回っている人を見るべきではありません。心を見るべきです。そんな人は、トラブルばかり起こし、どこに行っても自分が先立とうとするのです。ですから、良い服を着て歩き回り、靴を自慢したりして、「私はきのう、誰それとどこに行ってきたが、おもしろかった」と言いながら、学校の規則は二の次にして、「私がよければいいでしょう。卒業すればそれまでじゃない」と言う人たちはみな、流れてしまうのです。そんなことを中心として、皆さんは人を評価するすべを知らなければなりません。

それゆえ、顔立ちだけを見てはいけません。男性たちは、「格好がいい」と思ったならば、八〇パーセントが危険分子なのです。そうだからといって、顔立ちがいい人たちは、「私は顔立ちがいいとうわさが立ったから」と言って、かみそりで顔を切るのではありません。女性たち、格好のいい男性で信仰生活を正しくする人はいません。神様の前に忠臣《ちゅうじん》となる人はいないのです。

ですから、そういうことをすべて評価して、心の姿勢がどうなのかということを、まず知るべきです。女性を調べようとすれば、その友達を見て、友達の話、友達の生活全体を見て、「ああ、そういう種類の女性なのか」と評価するのです。

その次に、話す時はどうかということです。特に学校に行って、友達とどんな態度で話をするのか、どんな表情で話をするのか見るのです。また、運動をする時には、活発でなければなりません。そんなことをすべて見なければなりません。まず心を見るべきです。

ですから、ずるくて邪悪な女性たちに、男性たちは注意しなさい！　エデンの園でも、男性が誤って堕落したのです。皆さんと同じ年齢の十六歳にです。女性たちが男性を見て、いろいろ言って冷やかしたりもするでしょう？　それでも、岩石のように知らないふりをしていなさい。

イエス様が「磐石《ばんせき》（岩）だ」と言ったのは、そういうことなのです。この世の人々が何と言っても、黙々と自分の道を行くべきなのです。自分の定めた道を行こうとすれば、磐石のように行かなければならないのです。それが男性の道なのです。そのように、皆さんは人々を見るすべを知らなければならないのです。スマートなずるい人々は、八〇パーセントが流れていってしまうのです。その人たちが、「これから結婚して、息子、娘を生むのだ」と言ってきたとしても、期待をもつことはできません。言葉なく未来に向かって生きて、一言を言うにしても、意図のあることを言い、友達に対しても、大義のために自分を犠牲にできる人でなければなりません。

教室で清掃などをするのを見れば、一遍に分かるのです。清掃時間になれば、ほうきを持たないように、しり込みをして歩き回り、自分は雑巾《ぞうきん》を持たないようにして、「あなたがしなさい」と言いながら、他の人にさせようとする人がいるのです。さっと見れば、すぐに分かるのです。教室は、自分の服と同じなのです。学校を掃除することを自分の仕事のように考えなくてはなりません。その次に、道を歩く姿を見れば、よく分かります。先生は、その女性が歩く姿を見れば、すぐにどんな人なのかが分かるのです。あの女性は、男性を何人も経ていくようになるとか、すぐに分かるのです。それゆえ、皆さんは、そのことをよく知って、心の姿勢を正して、精誠《せいせい》を尽くすことにより、過去の歴史が悪くても、現在の環境が悪くても、どのようにも調整できるし、克服できるのです。ですから、教育が必要であり、師が必要なのです。先生が「こうしなさい」と言う時、「はい。そうします」と言って実践すれば、どんな運命の道も調整できるのです。素晴らしい先生や、素晴らしい友達と交われば、運命の道を調整できるのです。（一九七八・一〇・八）

それでは皆さんは、どんな人と結婚しますか。天地を一つにつくるため、公平で義理堅い心と、愛の心と、知恵の心をもつ人格者であれば、「その人の目に障害があってもよい」と言わなければならないのです。義眼《ぎがん》でもいいのです。義足《ぎそく》でもいいのです。

将来を見通して、千年、万年を望むことのできる、そんな余裕のある性稟《せいひん》をもって生きなければなりません。皆さんのような思春期に、そんな心をもち、女性たちは男性たちをみな観察するすべを知らなくてはなりません。このような観点から異性を見れば、あの女性はパスできる人

か、できない人か、すべて知ることができるし、男性もパスできる人かどうかを知ることができるのです。（一九七八・一〇・九）

第三節　結婚と人生

1　真《まこと》の結婚観と家庭観

結婚は、なぜするのでしょうか。少し結婚観について話をしましょう。人間は、なぜ生まれたのか分かりましたか。神様の愛のみ旨を成すために生まれたのです。では、結婚はどうしてするのかといえば、神様の愛のみ旨を成し遂げるために、神様の願いであり、アダムとエバの願いである息子、娘を生んで、四位《よんい》基台の基準をつくり、球形になって、家庭の基礎をつかむためです。家庭に息子、娘がいなければ、夫婦同士だけでも横的な基準は立つのですが、縦的基準は立てることができないのです。

ですから、結婚したすべての夫婦は、息子、娘を願うのです。それはなぜかといえば、天理の運行法度《うんこうはっと》の力が、そこに作用するからです。お嫁に行くと、大変なのに、どうして赤ちゃんを生むことを望むのですか。どうして、そんなに苦労してでも生まなければならないのでしょうか。自分の命を犠牲にしても夫を愛さなければならず、自分の命を犠牲にしても息子、娘をどうして愛さなければならないのか、ということが分からなかったのです。

それは、宇宙の中心となる神様の愛に接するためであり、神様の愛に接することによって、万事に勝利して、万事を意のままにするために、そうだということを知らなければなりません。それは、皆さんによってつくられたのではなく、皆さんが願ったことでもないのです。神様の創造の原則がプログラムとして、そうなっていたからです。

それゆえ、そこには何の愛があるのかといえば、父母の愛があり、夫婦の愛があり、子女の愛があるのです。神様は、父母の愛を手に入れられず、夫婦の愛を手に入れられず、子女の愛を手に入れられなかったのです。球形の愛をもってこそ、一つの核を中心として四方にすべて通じるのです。球形は一点を中心として、すべてに通じます。この一点が理想的な愛の核なのです。この核を通じて伸びていけば、愛の関係の球形が生まれるのです。ですから、家庭というものは、宇宙を代表する総本部であったという結論が出るのです。それが宇宙です。（一九八四・六・二〇）

2 女性の誇りと特性

女性は、結婚しないで子女を生むことができますか。一人で繁殖できるものならば、してみなさい。結婚しなければならないのです。本来、人は誰でも結婚しなければならないのです。女性は、結婚するために生まれたのです。男性が生まれたのも、女性と結婚するためなのです。

ですから、女性の体を見てみてください。女性の胸が大きくなり、腰が大きくなるのは、自分のためではないのです。赤ちゃんのためにそうなるのです。なぜ腰が大きくなるのかというと、赤ちゃんを生むためなのです。胸はなぜ大きくなるのですか。赤ちゃんにお乳を飲ませるためなのです。

私は、女性が一番たくさんの福を受けたと思います。どうしてそうなのか話してあげましょう。神様が人間を造られる時、女性を一番あとに造ったのです。人が何かの作品をつくるときには、傑作品は最後にできるのです。そのような意味で、男性と女性を比較したとき、どちらが美しいかというと、女性のほうが美しいのです。なぜかというと、女性が最後の創造物だからです。それが、女性の誇りなのです。

神様が人間を造られる時、男性をより愛したでしょうか、女性をより愛したでしょうか。女性をより愛したというのです。なぜかというと、男性は神様の家なのです。ですから、男性は成熟して、思春期ともなれば、天下に号令したいし、宇宙を駆け回りながら、すべてに一等を取りたいというのです。男性には、そのような欲望が大きいのです。

しかし、女性はそうではありません。女性は、私が世界で一番になろうという考えはもたないのです。一方向の考えしかありません。ある所に行って、安らかに眠りたいし、安らかに頼りたい性格があるのです。いつか突破して出ていきたい、激しい闘争をしたいという気質はないのです。ただ、愛されながら暮らしたいし、頼って生きたいというのです。ですから、どこかに行って暮らす時も、ぶら下がって暮らしたいし、その姿は、引っ掛かって暮らしたいのです。

ですから女性は、何か掛けるのを好むのです。ネックレスのようなものが好きなのです。自分が引っ掛かって暮らしたいということなのです。また、イヤリングが好きなのは、ちゃらちゃらと、ぶら下がって生きたいというのです。また、何かにはまって生きたいので、指輪をはめて暮らすのです。

ですから女性は、神様が最後に造った傑作品《けっさくひん》なのです。そして、男性よりも愛される位置にいるのであり、その次に、母親になるのです。皆さんは、お母さんがいいですか、お父さんがいいですか。二人とも好きは好きだけれども、善進《ソンジン》を見ても、お父さんとお母さんが同じ場にいる時、私が先に「おいで」と言っているのに、笑っているだけでもお母様がいいと、お母様のところに行って、私のところには来ないのです。お母様のほうがいいのです。

女性たちは、赤ちゃんを生まなくてはなりません。もちろん、お父さんも赤ちゃんを生むために協助するのですが、赤ちゃんを抱いて育てるのはお母さんなのです。赤ちゃんを生んで育てることができるのは、貴いことなのです。（一九七八・一〇・九）

3　結婚と女性の運命

女性たちは、いくら勉強をしたとしても、男性に従っていくのです。どんなに偉くなって大学を出ていてもです。有名な大学を出た女性も、韓国に来て小学校しか出ていない男性と結婚したのです。女性は、夫に従わなくてはならないのです。農村に嫁に行けば、野良《のら》仕事をしなくてはなりません。女性がいくら偉くても、夫についていかなければなりません。夫を捨てて行くことはできません。

「ああ、私は大学も出て賢いので、この男性と暮らそう」と言って、自分たちで選んでも、思いどおりにいかないのです。必ず仲たがいをしてしまうのです。アメリカでは、優秀な女性と男性が恋愛結婚しても、何カ月もたたないうちに仲たがいをしてしまうのです。どうしてそうなるのか分かりますか。それは、本質的に合わないからです。プラス・マイナスが本質的に合わないから、そのようになるのです。

それゆえ、結婚という問題は、大変なことなのです。夫を迎えることに誤ると、どんなに素晴らしい女性でも、一生の運命が左右されます。顔がきれいだからうまくいくとは限りません。その人が何の素質をもっていて、どんな方向をもっているのか鑑定できなければならないのに、お互いが分からないのです。それゆえ、先生のような人が必要なのです。先生はさっと見ただけで、合わせてあげられるのです。

自分がどんな道を行くのかということと、自分がどんな女性なのかということを知って、どんな男性を相対にすべきなのかを知らなければなりません。

皆さんがいくら留学をしたからといって、それでみな有名になるのではありません。夫に出会い、そこから夫婦を中心として家庭をつくっていくことにより、千態万状に分かれるのです。それゆえ、男性は男性として、徹頭徹尾、責任を負わなければならず、女性は女性として、徹頭徹尾、責任を負わなければならないのです。二人が共に責任を負う立場で、一人が駄目になったとしても、もう一人が半分の責任を負いながら引っ張っていかなければなりません。そのような夫婦として結ばれなければなりません。

この世は、本当に無情なのです。自分が困難なことになれば、友達までも利用しようとします。独身時代にはそうではないのですが、妻をもらうと、互いに顔を合わせないようにするのです。妻をもらっただけで、既に独身者といることが嫌になります。それは、宇宙がそのようになっているからです。新郎新婦が一つになるようになっているのです。

ですから、皆さんが勉強するにも、自分一人が成功しようという考えだけをもっていてはなりません。素晴らしい妻を迎えて、二人で協力して成功しようと考えなければならないのです。出会う前にいくら夢があったとしても、その夢がすべて壊れてしまうのです。それゆえ、自分の本性に合う道を探していかなければならないのです。（一九八二・一〇・二〇）

4　男性と女性の責任

女性たちは、結婚すれば家の中にいるのですが、男性は女性を食べさせるために、どれだけ厳しい闘争を経なければならないのか知っていますか。男性は女性よりも難しいのです。男性たちは、暮らしに責任を負わなければならないのです。女性たちは、家にいるので分からないのです。韓国の女性たちを実例にとってみれば、どこかに行って昼寝をすることもできるし、どこかで休むこともできるし、その村で何かあればかんしゃくを起こすこともできるし、けんかをすることもできるのです。しかし、男性は職場に行くと、目上の人に対しては、いくらはらわたが煮えくり返ることがあっても、駄目な上司だということが分かっていても、知らないふりをしなければならないことが多いのです。また、部下の者が自分を無視して、それが気に触っても、黙って、ぐっと耐えていなければならないのです。（女性には、内的に問題があります）。女性たちは、内的にどんな問題がありますか。夫にだけよく仕えていれば、すべて解決できるのです。（それでは、女性の幸福は赤ちゃんを生んで育てることだけですか）。赤ちゃんを生んでお母さんになり、世界的な息子に育てれば、母親として女性の責任を果たすことになるのです。アメリカに行って、ワシントンＤ・Ｃの中心地に住んでいるからといって、世界的な母親になれるのではありません。韓国の山奥で暮らしていたとしても、そのような希望をもって、愛をもって、赤ちゃんを育てれば世界的な母親になるのです。（一九七八・一〇・九）

5　結婚後の女性たちの芸術活動について

（女性がどんなに芸術活動をしていたとしても、お嫁に行けば終わってしまうのですか）。どうして終わりですか。（お父様は男性ですから、そう言われるのですが、女性はお嫁に行くと、自分の活動のために歩き回ることができなくなるのです。なぜかというと、家で赤ちゃんを育てたりするのが、女性として当然しなければならないことなのです。どのようにすれば、女性が芸術活動を続けられるでしょうか）。

芸術とは何かといえば、芸術活動をして、世界的に有名になることだけが芸術ではないのです。いかに華麗《かれい》で趣味に合った生活圏をもつか、ということが芸術の目的であることを知らなければなりません。（しかし、私たちの教会で今必要とすることは、世界的人材ではないでしょうか）。世界的なことは、世界的であり、それは、また家庭的なことなのです。

（しかし、それは努力の差によるのではないでしょうか）。皆さんが芸術をする時、歌を歌い、作曲をするように、赤ちゃんを寝かしつけるためにピアノを弾いたり、バイオリンを弾きながら子守歌を歌ってごらんなさい。それは、どんなに芸術的なことでしょうか。そして、天下を抱いて眠っている赤ちゃんを見た時、その芸術がどれだけ美しいかというのです。（だからといって、それでは世界的ではないのではありませんか）。

それが、なぜ世界的ではないと言うのですか。赤ちゃんを寝かしつけるために、世界的な子守歌を作って歌えば世界的でしょう？　女性が生活を立てていく中でも、世界的な芸術表現をすれば、世界的になるのです。壇上に立って、公演をして、世界の人々に称賛されなければ世界的にならないのだと思っているのですか。（一生懸命に活動して、早く世界的な人物になってから結婚したらいいのではないでしょうか）。それは駄目です。世界的な人物として、有名になろうとすれば、六十、七十、八十歳にならないと駄目なのです。いくら世界的な人物になったとしても、愛を知らなければ、それはかわいそうな人です。

皆さんは、芸術といえば、パリのオペラハウスに行って、大衆の前で歓呼を受けて、世界の人々が「ああ、素晴らしい！」と言えば、世界的なことだと考えているのですか。そのように考えてはいけないのです。芸術をすることは、生涯を美しくすることであり、生活を美しくすることなのです。

そして、勉強することも、一生を素晴らしく生きるためなのです。皆さんは世界的な先生のような人になったらいいと思いますか。先生は悲惨なのです。行く先々で悪口を言われ、けられ、追い立てられるのです。それがいいですか、女性たちが、そんなことをするのですか。

文《ムン》なにがしといえば、ある人は「世界的な人物だ」と言うのですが、それはただ座っていてなれるのではありません。闘争が大変なのです。そのような熾烈《しれつ》な過程を女性たちは、いくら「行け」と言われても、行けないのです。女性たちには、行くべき限界線があるのです。そのような限界線を越えて行こうとすることは冒険であり、無理です。

それゆえ、芸術は、生活化するためにすると考えればよいのです。子女教育において、芸術的な教育をさせるべきだということです。夫に対して、芸術的な感情をもって手厚くもてなすことも知り、かばってあげることも知らなければなりません。それが、もっと素晴らしい芸術であると私は思うのです。芸術をすることにより、愛をもって家庭を美化させ、昇華させることが、芸術のより誇りある価値だと思うのです。女性は、どうしても家庭に入らなければならないのです。ですから、お嫁に行かなければならないのです。（一九七九・一〇・九）

6　女権と男権の出発点

愛を中心としては、男性と女性は平等です。あなたは、男性に生まれたらよかったと考えたのですか。その必要はありません。女性は女性として半分になるということを知らなければなりません。愛を中心として平等だというのです。「ああ、統一教会の文先生という人は、女権反対者だ」といううわさを立てたと私は聞いたのですが、私の話を聞いてみてください。

女権運動をする人たちは、愛を中心として、お母さんの女権を守るすべを知らなければなりません。愛を中心として、お母さんと娘が一つになったのでしょうか。まず、その一つになった位置に立つ自分にならなければなりません。夫の前に、完全に愛で一つになった位置で、夫を愛せる女権をもったのでしょうか。その次に、息子、娘に対して愛せる女権をもったのでしょうか。そのような女権が、先に出発しなければならないのです。

政治風を吹かせて走り回り、女権運動ですか！　母親を無視し、夫を無視し、子供を無視し、女性基盤を喪失した立場で、何が社会的な女権運動ですか！「ほうり出してしまいなさい」と言うだけです。あってはならないことです。動機のない女権運動は、流れていくのです。

一番の女権は何でしょうか。まず父母の前に、愛される女性としての女権、母親を愛する女権、妻として愛される女権、夫を愛せる女権、子供に愛される母親としての女権をもてば、第二の世界に現れてくるのであり、根本が間違っていては何もできないのです。

皆さんは、父母の言うことをよく聞かなければなりません。皆さんは、よく「お父さん、お母さんの言うことを聞きたくないのに、どうしてお父さん、お母さんはひっきりなしに私を呼ぶのだろう」と言うのですが、それは男権を与えるためなのです。男性も、お父さん、お母さんの愛を受ける男性の権限、兄弟の愛を受ける男性の権限、その次に、妻に愛される男性の権限、自分の子供に愛される男性の権限を備えなければなりません。

あなたは今、お父さんを愛していますか。それに背馳《はいち》することは、不義です。サタン圏です。それは自然に破壊されるのです。宇宙が保護しません。しかし、原則的なものは、宇宙が保護しています。宇宙が絶対保護するようになっているのです。ですから昔、東洋には、「家和《いえわ》して万事成る」だとか、三綱五倫《さんこうごりん》があったのです。歴史は変化しても、この法則は変わらないのです。それに従って、そのように教えられているのです。「長幼序あり」。すべてに秩序があるべきだというのです。「朋友信《ほうゆうしん》あり」。友達は信義がなくてはなりません。

ですから、女権運動、男権運動するためには、自分ということを考えていては絶対に接触する道がないのです。（一九八四・六・二〇）

7　真の女権と男権を完成するための私たちの姿勢

先生たちが教壇に立ち、「デートをしなさい。放課後になれば、全員がパーティーなどをして踊りなさい」と言っているのです。これは、サタンが騒動を起こし、天の国の理想を根本的に破《は》綻《たん》させるための作戦だというのです。

高貴な理想的男性の前に、女性の前に、誰が手をつけられますか。ですから、先生は昔、肌も見せなかったのです。女性は男性に肌を見せないのですが、先生も女性に肌を見せませんでした。最近では、女性たちが肌をさらけ出して歩くのです。このアメリカなどでは、おしり、乳首をさらけ出して、大路を闊《かっ》歩《ぽ》する、あやしく邪悪な者たちがいるのです。このように滅びる者たちがたくさんいるので、この世界は滅びるようになるでしょう。

統一教会の思想とは何ですか。（神様の愛を中心として「ため」に生きることです）。それでなければ、愛の理想が成されません。お母さんが「永遠に私の娘だ」と称賛することができ、「愛する私の娘よ」という詩を作ることができなければなりません。あなたの姿は、か弱いけれども誰よりも強い者であって、この世のすべての形容詞をもってきてつけられる娘となり息子となれば、それは孝行者であり、孝女です。

皆さん、そのような所にお嫁に行って、そのような息子、娘をもちたいでしょうか。女性たち、考えてください。そのような息子、娘をもちたいですか、もちたくないですか。顔立ちが整っているとか、醜《みにく》いとかが問題ではないのです。たとえ顔が屋根瓦《がわら》のようだったり、しわくちゃのかぼちゃみたいだったとしても、愛があれば良いのです。

ですから、このような女権を備えた女性として成熟して、初めて神様の愛に接してその圏内に入っていくことが思春期なのです。ですから、そこで一つになり、ぶつかって火が出るような境地になれば、神様が自然に臨まれるようになっているのです。神様が臨まれて、愛されるのです。ですから、男性と女性が愛するようになると、神様が愛するのと同じなのです。（一九八四・六・二〇）

女性たちは、夫のためになるすべを知り、子供のためになるすべを知り、父母のためになるすべを知り、国のためになるすべを知らなければならないのです。神様のためになることも良いけれど、国のためになるべきなのです。国は世界のためにあるのです。そして、人類のためになるべきなのです。人類のためになれば、世界のためになることなのです。国のためになれば、人類のためになるのと同じです。（一九八四・七・一〇）

第四節　二世の祝福と祝福に臨む姿勢

1　祝福の基盤と二世の祝福

イエス様が死の場に出ていく時に、その弟子たちは共に出ていかなければならなかったように、統一教会の人たちも、共に死の場に出ていかなければなりません。逃げていってはなりません。それゆえ、統一教会に命を懸けて反対してくるのです。国が反対し、お父さんやお母さんが反対し、夫や妻が反対し、子供が反対し、みな死ぬほど反対したのです。

ですから、いかに悲惨であったかということを知らなければなりません。先生一人に従って、死の境地を越えたという条件を立てながら、統一教会の基盤を築いてきたのです。それで先生の勝利とともに、皆さんの基盤が築かれてきたのです。皆さんの父母によってです。

蕩減《とうげん》復帰という理論的な過程を経てきたのです。祝福を受けるためには、国家的基準まで、イエス様が責任をとれなかったすべてのことを蕩減しなければなりません。それゆえ、全世界的な活動舞台に進むのです。一九五七年から、すべてが国家的な次元に入るのです。

ユダヤの国がユダヤ教を支持できなかったので、私たち統一教会が蕩滅しなければならないので、すべてを捨てて立ち上がったのです。大事な息子、娘は国のために祭物として捧げなければならなかったのです。お父さんとお母さんを中心として、子供まで合わせて国に祭物として捧げなければならないのに、祭物として捧げずに生かしておいて、「孤児院に行っても、生きていれば、帰ってきた時に会うことができるので幸福です」と、このように考えて、皆さんの父母たちが活動したことを知らなければなりません。捨てたのではないのです。憎くてそうしたのではありません。

それでなければ、天の国に行く道が現れないので、そのような血も凍る闘争の過程を経てきたのです。既成教会がなせないので、代わりに国家と民族の前に、国家が反対しても、押して進んでいく基盤を築くために祝福をしたのです。三千万民族の前で、公開の祝福をしたのです。祝福に反対すれば、大変なことになるのです。今では祝福も世界的に公認されてきました。統一教会は当然そういうことをするのだと、日本でも、どの国でも、世界的に公認されました。

これから、皆さんが正しい暮らしをするようになれば、多くの人々がやって来て、祝福を受けようと大騒ぎすることでしょう。彼らは、アダムとエバとは何かという理論をすべて知って、愛し合っているのでしょうか。今に学校に通う若者たちが、二十代の大学生たちがたくさん入ってきて「祝福を受けたい」と言った時、四十日修練、百二十日修練を受けさせて祝福してあげれば、彼らはすべて統一教会員になるのです。

統一教会の魅力とは何かといえば、若い男女たちが、「統一教会の家庭はみな、永遠を目標にして一生懸命生きている。この世の家庭はみな、壊れていってしまうのに、統一教会に入れば、すべて良い家庭になれる」と言いながら集まってくるのです。

皆さんのお父さん、お母さんが苦労していたので、皆さんもみな、そのような顔になったのです。良いものを食べて、心安らかに横になり、夢を描いたり、良い胎教《たいきょう》をしていれば、良い赤ちゃんを生めたのに、ひたすら悪口を言われ、逃げ回りながら赤ちゃんを胎教し、食べるに食べられず、どこに行っても迫害を受けてきたのです。ですから皆さんは、そのような顔になったのです。しかし、根本は良い人々なのです。

皆さん、体格が良くて、この世でとても素晴らしい男性を私が選んであげましょうか。祝福を受けた子孫でもない、この世の人々を集めて、皆さんに「くわえていけ」と言って、一人ずつばらまいてあげましょうか。囲いの中に入れて、皆さん同士で結んであげましょうか。囲いの中で皆さん同士で？（はい）。（一九八四・七・一）

皆さん、どうして二世を祝福してあげなければならないのでしょうか。二世を選ぶとき、その家庭が世界に向かう途上で迫害を受ける家庭に属していれば、その二世たちを祝福してはいけないのです。しかし今では、摂理的に見たときに、統一教会において祝福家庭は、迫害を受ける時代を越えたのです。

その基盤は、誰がつくったのですか。皆さんのお父さん、お母さんがつくったのですか。（真《まこと》の父母様です）。真の父母以外に誰がいましたか。天のお父様がいたのですね。三代の父母に対して、このように侍ってこそ復帰がなされるのです。縦的中心である神様と、真の父母を中心として、縦横に連結される所で、皆さんは父母に侍らなければなりません。それが、三代の父母に侍ることです。（一九八六・二・八）

2　摂理の時と二世祝福

今や、皆さんは大人になりました。昔のカナン復帰路程の二世たちには、七代の怨讐《おんしゅう》を分別し、三十六カ国に対処しなければならない闘いがあったのですが、皆さんは三十六カ国ではありません。七つの家、十二の家を消化すればよいのです。そこの青少年と一つにならなくてはなりません。お父さん、お母さんたちが息子、娘たちに、反対を受けないような環境をすべてつくっておいたのです。神様がそのようにつくられたのです。そのように、蕩減《とうげん》復帰は現実的なのです。

これからは、勝共の会員や韓国の人々がみな、「文《ムン》総裁のところに行って結婚させてもらおう」という風が吹くようになります。「統一教会の結婚式が一番素晴らしい」と言うのです。本来は、今回の結婚を解放式として、素晴らしく行わなければならないのです。

今までの路程は、このサタン世界での蕩減復帰なのです。すべてを上っていって清算し、再び国を探して下りてきて基盤を築き、アベルの家庭に侍っていかなければなりません。先生は今、それが必要なのです。先生がすべてを勝利しておいたので、皆さんは今、班の集会を通して、そこで若い男女を消化し、皆さんが家庭の標準となり、彼らをすべて連れて越えていく道をつくっておかなければならないのです。そのような時代に入ってきたのです。

ですから、皆さんは今、第一線に立っているのです。それで、今、天国を創建しているのです。天国創建は誰が先にするのかといえば、皆さんが先にするのです。先生による統一家を中心として、皆さん二世の家庭を早くつくらなければなりません。そうすることにより、カイン世界において、アベル家庭が横的に広がるのです。（一九八六・四・八）

きょう結婚するといっても、私が誰と結婚するか、ということが問題ではないのです。自分自身を中心とした結婚ではないということです。統一家において、一大革命を提唱するための結婚なのです。

このようなことを行う時、どこまでも先生を中心としなければならないのであって、そこに、第三者の考え方とか、観念が介在してはならないのです。ですから、皆さんの父母の言葉は、参考にもできず、念頭にも置けなかったのです。（一九八六・四・一二）

3　二世祝福の資格

皆さん、何歳になったのですか。一九六六年以前ならば、何歳になりますか。韓国の年で二十二歳です。皆さんは祝福家庭の二世として生まれた意義を知っていますか。それを、みな知っていますか。

皆さんは『原理講論』にある、「信仰基台」、「実体基台」、「メシヤのための基台」という言葉を知っていますか。「メシヤのための基台」とは何のことですか。それは、誰かが行かなければならない道なのです。原理は、歴史時代を経てきた聖徒たちが行く道であり、すべての歴史を横的に分けているのです。それゆえ、私たちの生涯で、これらをすべて蕩減《とうげん》しなければならないのです。そのように見た時、確実な信念をもって生きなければならないのに、皆さんは、そのようになっていないのです。

（四十日修練会の名簿ができました）。四十日修練会は、私が監獄にいる時、孝進《ヒョヂン》に実施させるようにしたのです。それは、八月十四日に終わったのですね？　二世たちはみな、そこに参加しなければならないのです。その修練会に行ってから、孝進が病気になり、今まで苦労したのです。

本来、良心的であり、人格者と言われる人は、考えたことを言葉にする前に、行動しなければなりません。行動できる主体的人格を備えてこそ、その言葉が自らを讒訴《ざんそ》しないのです。語る前に、その言葉を実践してみなければなりません。サタン世界では、蕩減法とは何かが分からないのですが、天の世界では、厳然《げんぜん》たる蕩減法があるのです。

これからは、原理試験にパスしなければ祝福対象者にはなれません。教会で行うすべての行事を、みな通過しなければなりません。

統一教会の二世たちは、断食をしなければなりませんか、しなくてもよいですか。（しなければなりません）。みなしなければならないと考えないのですか。皆さん、七年路程を行かなければならないのですか、行かなくてもいいのですか。（行かなければなりません）。どうしてですか。ヤコブが行った路程は、イスラエル民族が行かなければならず、モーセが行った路程は、イスラエルの国が行かなければならず、イエス様が行った路程は、キリスト教が行かなければならないのです。では、統一教会の文《ムン》先生が行った路程は、誰が行かなければなりませんか。（私たちが行かなければなりません）。先生は七年路程を行きましたか、行きませんでしたか。（行かれました）。（一九八六・四・八）

四十日伝道期間を、すべて満たせなかった人も来たのですか。四十日は、四十年を蕩減することと同じなのです。荒野《こうや》四十年期間である四十日は、絶対守らなくてはなりません。孝進にも、「そのような立場に立たせなければ駄目だ」と、先生が説き伏せたのです。それをしなければ大変なことになるのです。すべてが駄犬《だけん》のようになって、きつねがすべてほじくって食べてしまうのです。先生が監獄に入って特別な条件を立てたので、これが可能になったのです。皆さんを祝福してあげなければなりません。蕩減法は容赦《ようしゃ》がないのです。

四十日修練に参加していない人は、ここに参席してはいけないのです。四十日修練を受けていない人は、もう一度、四十日修練会を行いますから、次に参加しなさい。残っていてはいけません。これは、四十年の蕩減《とうげん》なのです。先生が四十年間蕩減してきたので、返り咲いたのです。

本来は、皆さんが南北統一した基盤の上で、国をもたなければなりません。皆さんが国に対しての責任をとることが、半分裂けてしまったのです。南北に分かれた運命を中心として、皆さん二世が現在、韓国に対処できる段階に入ったのです。それゆえ、四十日を通過しなければ、その条件にならないのです。祝福を受けた家庭もみな、四十日聖別期間があるのです。

四数は、いつでも問題になるのです。原理がそうだからです。四十年路程でモーセに反対をした者は、みな滅びたのです。四十日修練を経た位置で、絶対にみ旨を中心としてカナン復帰の道を行かなければなりません。指導者がどんなことを言っても、それについていかなければなりません。行かなければ滅びるのです。四十日修練を受けない人は、参席してはいけません。

4　祝福を受けるための姿勢

皆さんが今、二世として、一回目の祝福対象者になったというのは驚くべきことです。今まで統一教会は、「三十六家庭」から「七十二家庭」へと、家庭が続いてきたのですが、その家庭を見た時、神様は何の期待ももたれないというのです。皆さんが侍ってきた父母は、神様が好ましく思われないのです。「三十六家庭」や「七十二家庭」、すべてがみ旨の前に罪を犯しているのです。

そのような者たちの後孫を収拾して、再び祝福をしてあげるということは、神様も、先生も、相当に心配なのです。それゆえ、今から皆さんが統一家の新しい伝統を立てなければならないという覚悟を、この時間に固く誓わなければなりません。（一九八六・四・一二）

堕落以後の人間は、結婚することができなくなっているのです。それゆえ、仏教やカトリックでは、尼僧《にそう》や修道女などの独身者がいるのです。人類の父母が結婚できなかったのに、どうして何百代、何千代の後孫として生まれた者が結婚できるのでしょうか。そのような逆天者は滅びるのです。「順天者は栄え、逆天者は滅びる」というのが、孔子の言葉です。

皆さんは、結婚する資格がありますか。サタンの讒訴《ざんそ》圏を抜け出しましたか。今、どうしているのですか。皆さん自身が、み旨の道に対して、たじろいでいるのではないでしょうか。そんな者はみな、良心的な呵責《かしゃく》を受けて、ここに参席してはいけない人です。

皆さん、ちょっと顔を上げてください。ちょっと目を見てみます。皆さん、目にハンサムな男性、醜《みにく》い男性、中間の男性、三層に見えるでしょう？　また、この者たちの目には、美しい女性、醜い女性、中間の女性。そのように見えますか、見えませんか。

アダムとエバの目に、ハンサムな男性、醜い女性、中間の男女がいましたか。（いませんでした）。それは、絶対的でなければなりません。ハンサムな男性も、醜い男性も、中間の男性も、それしかないのです。しかし皆さんの目は、「ハンサムな男性、美しい女性」と言っているのです。

原理的に見た時、それを認めなくてはなりませんか、認めなくてもいいですか。ハンサムな男性、中間の男性、その次に醜い男性。そんな目をもつ人たちは、真《まこと》の結婚をすることはできません。それは邪悪な結婚です。サタンの従兄弟《いとこ》みたいな者たちが、ここにやって来て座っているのです。

アダムには選択権があったでしょうか。エバには多くの男性の中から選択でき、アダムには多くの女性の中から選択できる権限がありましたか、ありませんでしたか。（ありませんでした）。うれしくて泣きながら眺めるのは、一人の男性なのです。アダムしかいなかったのです。エバには、足が折れて、どこか体に大変なところがあっても、一人の男性しか眺めることができなかったのです。二人の男性を眺められなかったのです。また、アダムがいくら得意になって歩き回っても、二人の女性を眺めることはできなかったのです。

また、アダムはエバ以外を選ぶことができるでしょうか。「私は嫌いだ。ほかの女性と結婚する」と、そうすることができるでしょうか。それに固執《こしゅう》すれば、晩年は一人で暮らし、死んでいくだけです。それでは、人類が絶えてしまいます。自分たちの氏族がなくなってしまうのです。自分の思いのままに結婚すれば、行く先は地獄であり、自分の思いのままにではなく結婚すれば、行く先は天国なのです。

女性たちは、先生にしかられるから仕方なくルージュを塗らないで来ましたが、鏡をのぞき見て、「これは、良くないなあ。この姿は何だ！　ああ、誰が私を好きになってくれるだろうか」と言うのですが、そんな考えをもっている人は、必要ないのです。先生の心にすーっと入っていけばいいのです。いくら顔が美しくても、私の目で見ると、片目をつぶるのです。その女性が、こう言っているというのです。「それでは、どうすれば良い新郎を選んでくれるのですか」と。先生は変わった人です。国が滅びるようになることが分かるし、どうして世界が滅びるようになるかが分かるからです。

愛の眼鏡《めがね》は、天地調和の眼鏡なのです。その愛の眼鏡は極めて変に凸凹《でこぼこ》して、醜い人もハンサムに見えるのです。「あばた顔でも、愛の涙をいっぱいにためるために、あのような顔になったのだなあ」と言いながら、触れると気持ちがいいのです。初愛《はつあい》の甘美というものは、宇宙を消化させても余りあるものです。（一九八六・四・八）

5　祝福は本来、父母がしてあげるもの

皆さんが相対を選ぶのがいいですか、私が選ぶのがいいですか。まず、これを決めましょう。私がＯＫすれば、みな良いのです。皆さんが思いのままに選ぶのがいいですか、それとも先生が目をパチクリさせて選んであげるのがいいですか。（先生が選んでください）。アメリカの食口《シック》たちも、ヨーロッパの食口たちも、先生に選んでもらえることが一番の希望なのです。

ですから、私は仕方なく、二世の皆さんも選んであげようと思うのです。本来、皆さんは、父母たちに選んでもらわなければならないのです。天の国の伝統を正しく保っていけば、結婚式は伝統を伝授する式なのです。愛を中心としてあらゆることが伝授されるのです。前時代を後代に移してあげるのです。（一九八六・四・八）

第五節　祝福家庭の夫婦の愛の道

1　「根こそぎ私の愛」の意味

どうして神様がこの世界を創造されたのかといえば、神様は「愛のゆえに」と言われるのです。では、その愛はどのような形の愛なのでしょうか。神様は「根こそぎ私の愛」を願われるのです。皆さん、「根こそぎ私の愛」という言葉を聞いたことがありますか。歌では聞いたことがあっても、そういう愛は知らないでしょう？　考えただけでも神秘的であり、丸ければ丸く、長ければ長く、不思議な愛なのです。では、女性が一人でその愛を探すことができるでしょうか。誰を通さなければならないのですか。醜《みにく》い意地悪な、ぼさぼさ頭の青年についていかなければならないのです。

「根こそぎ私の愛」の中には、すべてが入っているのです。そこには、夫の愛も入っているし、妻の愛も入っているし、息子の愛も入っているし、神様の愛も入っています。ですから、愛はどんなに入れてもちこたえることができるのです。父母は愛する心をもっているので、あらゆるものを子供に与えたいのです。与えても与えても与えても、また与えたいのです。愛は、そのように大きいのです。しかし、お金の世界では、私が百ドルだけ与えて、「もう、あげない」と言えば、それで終わるのです。しかし、愛の心は無限なのです。無限に通じ、無限に大きく、無限なる価値の内容をもっているのです。

それゆえ、愛を備えた人は宇宙を備えることになり、愛を備えた人はすべての幸福を得ることになり、愛を備えた人はすべての面で勝利者になるのです。そういう結論が出るのです。いくら素晴らしく人生を生きたとしても、このような愛を備えて、愛に対する勝利者になれなければ、人生の敗北者なのです。（一九八四・六・二〇）

2 愛の一端

愛するということは、どういうことでしょうか。背中と背中を合わせることが愛することでしょうか。愛も、蘇生《そせい》の愛、長成の愛、完成の愛があるのです。女性と男性は、一番初めに何をしますか。キスをするでしょう？　上から下りてくるのです。

人々は、どうしてみな、キスをしようとするのでしょうか。口は何かといえば、飲食物を供給する仕事をしているのです。生命の起源が通じるところなのです。それで、神様を象徴するのです。では、言葉は何なのでしょうか。言葉も神様を象徴するのです。口は、そのような二つの内容をもっているのです。ですから、愛を表示しようとする時、キスをするというのです。愛する時にはみな、子供たちに対してもキスをするのです。皆さんも、幼い弟たちが生まれた時は、かわいいからキスをするのですね。それは罪ですか、罪ではありませんか。そこに、神様が天から降りてこられるのです。（一九八一・五・一七）

3　愛の道を引き継いでいく人生行路

人間が生まれたのは、愛の世界を旅行するためです。愛の宇宙旅行をするために生まれたのです。私が、お父さん、お母さんから血統を受け継いだ時、お父さん、お母さんの愛の中で受け継いだのです。

ですから、生まれながらにして、愛されていたのです。お母さんの胎中にいる時から、お父さん、お母さんを愛しましたか、愛されましたか。お父さん、お母さんに愛されたのです。十カ月の間ひたすら触られて、そして生まれてから、また愛されて、そのように学校に入る時まで愛されたのです。大学までで何年ですか。二十年ですか、二十二年ですか。その期間をみな、父母の愛の圏内で育ったのです。

そのようなお父さん、お母さんが、自分の息子、娘を最高に愛したいのに、他人のように対さなければならないとすれば、とても胸が痛くなるのです。今に息子、娘を生んでみると、私たちの父母もこうだったのか、ということが分かるのです。それにもかかわらず、皆さんを捨てて出ていく時、父母はどうして眠りにつき、いつ平安な時間をもてたでしょうか。いつも焦る心、不安な心をもったに違いないということを皆さんは知って、自分の父母は偉いということを悟らなければならないのです。すべてが愛なのです。

生まれて十六年くらいたつと、物心がつくでしょう？　そして十八歳ないし二十歳になれば、結婚をするのです。二十歳を過ぎて結婚して、息子、娘を生んで、愛して、その息子、娘を嫁にやったり、婿にしたりすると、次に孫を愛するようになるのです。

おじいさん、おばあさんは、息子、娘よりも孫息子や孫娘をもっと愛するのです。皆さんもおじいさん、おばあさんのいる人は、お父さん、お母さんの愛よりも、おじいさん、おばあさんの愛をたくさん受けたのです。そこで、おじいさん、おばあさんの願いとは何かというと、ただ孫息子、孫娘の頭をなでることなのです。

また、自分の家の中には何があるのかというと、昔、自分が少年時代から青年時代を過ごした時と同じものがすべてあるのです。その次に、お嫁さんをもらって、息子、娘までいるのです。そして、おじいさんになると自分が一生歩いてきたことを、再び実体で見ることのできる環境が現れてくるのです。曾《ひい》おじいさんも、そうだというのです。東西南北をすべて備えて、数多くの子孫たちを従えているのです。

その子孫たちがみな、愛で連結されているのです。ですから、それが多ければ多いほど福であるというのです。人は、愛によって生まれ、愛によって育っていくようになっているのです。人生行路は、愛の道を受け継いでいくことなのです。愛ゆえに生まれた人生であることを否定し得ません。

女性たちは、赤ちゃんを生むのが怖いのですか。赤ちゃんを生んだ婦人に聞いてみると、産む時は死ぬほど大変だったけれど、産み終えると、その苦痛も瞬《また》く間に消え去ってしまったというのです。皆さん、十カ月の間、赤ちゃんを身ごもって過ごすのは大変ですが、産んでしまえば、瞬く間に楽になるというのです。

私は、母の残した言葉を忘れることができません。私が小さいころ、母は、「この世では何といっても、赤ちゃんを生んで育てる時が一番いい時だ」と言ったのです。一番苦労する時なのにです。どうしてそうなのかというと、赤ちゃんのおなかがすくと、お母さんの乳も張ってくるというのです。百発百中、お乳が張って痛みだすというのです。お乳が一番鋭敏なのです。それで、おなかのすいた子供をさっと抱いて、お乳を飲ませる感覚は、言葉にもならないほどのものなのです。お乳を飲ませる気分は、赤ちゃんをもったことのあるお母さんでなければ分からないのです。張っていたお乳がさっとしぼんだ時、どんなにすっきりして気分の良いことでしょうか。また赤ちゃんが、チュッチュッと吸いながらお乳に触れる姿を見る時、母親の愛がそこからわき出るというのです。それで、すべての喜怒哀楽の双曲線がぶつかる、その母親の心というものは、体験しなければ分からないのです。

ですから、母は、「八人の兄弟姉妹をみな結婚させて、お嫁にやってしまったら、この世が、こんなにひっそりと寂しいものとは思わなかった」と言うのです。行こうとすれば行けないことはないのですが、それぞれが遠い所に行ったので、一日に一回ずつ歩き回ることもできずに、いつも思い詰めているのです。愛したいし、恋しい心で、息子、娘が元気でいるのか訪ねてみたくて、福を願って祈祷するのです。それが貴い親心なのです。

そのようにしながら年老いていくのです。ですから人は、愛によって生まれ、愛によって一生を終えるのです。そのようにして、原理的、順理的な法度《はっと》を経て、地上世界と天上世界まで継続されていくのです。(一九八九・一・六)

4　女性の人格完成の道

女性は半分なのです。男性を愛で消化することにより、円満な女性の人格が完成するのです。それゆえ、悪い女性は、たまには男性からぶたれなくてはなりません。そして、口はむやみに開けないで、じっとしていなければなりません。女性は、口が武器なのです。そして、表情が武器なのです。その二つです。それで女性は、言葉のために滅びることもあるのです。

お仕置きをされたとしても、決してふろしきを包まず、布団に横になって寝込んでしまいなさい。横になって復讐《ふくしゅう》するほうがよいのです。御飯を一週間くらい食べずに、けろりとして、すべてに干渉して、「ああ、今来られたのですか」と言って、けろりとして、食べないでいてみなさい。夫が眠ることとなく一週間の間、見守ってくれ、和が生まれるのです。それは、どんなに素晴らしいことでしょうか。（笑い）「ため」に生きながら復讐できるのです。

ですから、「夫は私より悪い」と言う女性は、存在できないのです。「悪い夫で、不足であっても、生死の境で旗を受け継いで、私という女性を訪ねてきてくださいました」と言わなくてはなりません。そのような旗を立てて、平和の王国、愛の国を成そうと、出会った二人なのです。これが夫婦なのです。

愛は、生きていなければなりません。愛が死んでしまってはいけないのです。女性は半分なのです。女性の行く道は、円の半分を描かなければなりません。男性を踏みつけて上がっていこうとするのは、良くないことです。

家庭で、お母さんが厚徳な心をもっていれば、三代以内で、その家門を受け継ぎ得る長孫の息子、娘が生まれるのです。そのような道理により、三代で復帰するのです。復帰するということは、全体を支配できるので、三段階だけを越えることができれば、新しい希望の世界に連結されるのです。そして、螺旋形《らせんけい》になって大きくなっていくのです。（一九八九・一・六）

皆さんは、愛の家をもっていますか。女性は、女性の愛の家をもち、男性は、男性の愛の家をもっているのです。しかし、女性がもっている愛の家は、女性のものではなく、男性の愛の家であり、男性がもっている愛の家は、男性のものではなく、女性の愛の家なのです。

女性の愛の家は、どこにあるのかといえば、女性にあるのではありません。入れ替わっているのです。それでは、なぜそのように交差するのでしょうか。宇宙を連結させるためには、交差しなければならないのです。これは愛のみが可能なのであって、他のものでは駄目なのです。

自分の体はみな自分のものだと言うのですが、愛だけは自分のものではないのです。愛だけは自分のものではありません。それは、相対のものなのです。入れ替わっているのです。それが入れ替わっているために、交差点が生じて、それを拡大すれば球形が現れるのです。

旧約聖書には、「聖所」や「至聖所《しせいじょ》」という言葉があるでしょう？　聖所は人を象徴するものであり、至聖所は愛の家を象徴するものなのです。愛し得る家をいう言葉なのです。

人はみな、聖所、至聖所をもっているのです。聖所とは、神様に侍ることのできる所です。では、至聖所とは何でしょうか。特権的な愛の主管権をもつために、神様との関係を結ぶ所が至聖所なのです。至聖所は、天と通じ得る位置をいうのです。天との直接的関係を結び得る至聖所が、正に皆さんの生殖器なのです。

それは、誰もが触れることはできません。至聖所を守る祭司長《さいしちょう》は、二人ではありません。絶対に一人なのです。至聖所を守っている人が鍵《かぎ》を開けなくてはならないのに、他の人がそれを汚し、触れるようなことがあれば、昔は雷に打たれて死んだのです。エバの至聖所の鍵をもっていたのはアダムであり、アダムの至聖所の鍵をもっていたのはエバであった、ということを知らなければなりません。

そして、神様と一体の愛の因縁《いんねん》を結ぶところで、神様に侍って愛し合わなければならないのです。男性と女性の二人だけが会うのではありません。男性と女性の二人が会う時には天理を代表する、宇宙創造理想が巡り合う位置で神様の愛を受けるのです。そして、「あなたの願いである息子、娘を得なければなりません」と言うのです。（一九八四・六・二〇）

5　夫の責任と妻の責任

夫は妻を愛して、影をつくってはなりません。妻のために責任のある夫として、自分の妻を一番愛する夫にならなければなりません。また、「妻としても、私の夫は本当に素晴らしい」と言うことができなければなりません。

また、父親もそうなのです。他人の父親になることは簡単ではありません。事実、息子は他人です。世界に送り出す、他人となる子供を私が管理して育てているのです。子供は他人なのです。父子の関係は、問い詰めると他人になるのです。父親の役目をすることは簡単ではありません。妻の役目も、夫の役目も簡単ではありません。

また、大きな所帯を好きにならなくてはなりません。大きい所帯を受け持つ金持ちの長男の嫁をよく見ると、慣れていて落ち着いているのです。いくら秘密に何かしようと思っても、自然に防御されてしまうのです。それだけ、経験があるのです。

皆さんは、舅《しゅうと》、姑《しゅうとめ》のいる所にお嫁に行きますか、舅、姑のいない所にお嫁に行きますか。（いる所に行きます）。統一教会の皆さんはみな、先生が小言を言って教育してきたので、そのように答えるのです。そこで暮らせば、その嫁に、舅が死ぬ時には遺産を譲り渡してくれるのです。どんなに怖い姑にむちで打たれながらでも、そこで不平を言わずに過ごして、姑が「本当に良い嫁だ」と褒めるようになる時は、その姑の貴重なもの、装飾品も、すべて受け継ぐことができるのです。

気難しい性格の夫は、妻をよくたたくのです。時々、夫からたたかれ、すっと涙が流れ落ちていくことを感じても、すぐに笑える女性であれば、どれほどすてきな妻ですか。悲喜劇が交差するその瞬間がどれほどすてきでしょうか。私は、そのように考えるのです。

女性たちで、夫からしかられたり、ぶたれたりしたことのない人は不幸なのです。ですから私は、お母様は不幸だと思うのです。（笑い）私が統一教会の教主でなければ、既に一発なぐっていたことでしょう。統一教会の教主であるゆえ、そのようにできなかったのです。（笑い）「真の父母」という名がついているからです。私は、そんな訓練をするというのです。

なぜでしょうか。四方で火がついているのに、「ああ、愛しています」と言っていては、大変なことになります。死んでしまうのです。黙って足で門をけり、ほうり出すくらいでなければいけません。そのような訓練が必要なのです。

そうしながら、互いに開拓していくのです。高い所に上がっていくのです。希望の道を早く行くために、その道のために激励《げきれい》し、けり、押してでも行かなければならないのです。

女性は、お嫁に行く時、愛そうとして行きますか、愛されようとして行きますか。この世の女性たちは、愛されようとして行くというのです。それでは、愛そうとしてお嫁に行くのに、夫が愛を受け付けないとすればどうなるでしょうか。愛を受け付けないというのに、始終、愛そうとすれば、しかられて、たたかれることでしょう。仕方のないことです。それはあり得ることです。

始終、愛そうとすれば、夫が殴りつけることもあるでしょう。その時は、どうするつもりですか。泣きながらでも愛そうとしなければなりません。死にそうになっても、愛そうとしなければならないのです。死にそうになりながらも愛そうとする時に、夫が屈服するのです。それは、説明の仕方によるし、解釈の仕方によるのです。環境や立場が違うといって、一方的にすべてを評価してはなりません。

この世で有名な夫に仕えようとすれば、女性は昼寝などできないのです。ありったけの精誠《せいせい》を尽くし、衣類を整え、化粧をして、夜を明かして座って待っていなければなりません。でなければ、宝石の装飾品をつけ、貴金属の装飾品をつけ、ラッパを吹き、踊りを踊り、何でもできる芸者たちが列をつくって待っているからです。賢い夫に仕えていて、妻が高慢《こうまん》になり、「私は愛だけを受けたい」と言っていれば、一生の間、夫は共に暮らしてくれるでしょうか。

皆さんの顔を鏡で見て、一生の間、共に暮らしてくれる男性がどこにいるのか考えてみなさい。丸い目、平べったい顔、ぺったんこの鼻、唇、その四つを見て、一生の間、どうやって暮らすのですか。それを考えなくてはなりません。この顔だけを見て一生の間、暮らしてくれる男性を考えた時に、心から同情してあげなければならないのです。ですから一カ月に一回くらい、「仕事が大変だろうから、私を小突いて、気分を晴らして暮らしてください」と言える余裕がなければなりません。（一九八四・七・一〇）

6　二世祝福家庭の夫婦の道

皆さんの家庭で、二人が行くべき道は確実なのです。どちらがよくできたのか、できなかったのかという問題より、神様をより愛するために、どちらが先に立つのかということに意義があるのです。そのような人には、従っていかなければなりません。

第一に、環境に習慣化されてはなりません。二番目は、愛を中心として前進的に発展していかなければなりません。妻は夫のために生きなければならず、夫は妻のために生きなければなりません。そうすれば、夫婦は神様のためのものなので、み旨の中で神様が訪ねてくださる氏族が必要になり、民族が必要になり、国家が必要になり、世界が必要になるのです。まだ、天の国の霊界を解放しなければならない解放圏、地獄を解放しなければならない解放圏が残っているのです。

堕落の結果、それが残っているのです。それを掃除しなければなりません。誰がごみ箱を掃除しなければならないのでしょうか。神様がすることはできず、真《まこと》の父母もすることができないのです。自分たちのとどまる家庭的環境、氏族的環境、民族的環境、国家的環境、世界的環境が、真の父母様の後孫として連結される環境なので、その環境の当事者が解決しなければならないのです。

それでは、復帰路程における当事者には、誰がなるのでしょうか。代表として皆さんが立たなければなりません。それを家庭的になした人は、あの世では家庭的祝福圏内に入るのです。氏族的になした人は、氏族的祝福圏内に入るのであり、民族的になした人は、民族的祝福圏内に、国家的になした人は、国家的祝福圏内に入るのであり、世界的になした人は、世界的祝福圏内に連結されるのです。

そのような愛の内容を中心として、天国の格位が決定されるという驚くべき事実を知らなければなりません。寝ても覚めても、そのことを考えるのです。夫を愛する以上に父母を愛し、夫を愛する以上に兄弟を愛し、家庭を愛する以上に国を愛し、国を愛する以上に世界を愛し、世界を愛する以上に天宙を愛し、天宙を愛する以上に神様を愛さなければなりません。愛の道が連結されなければ、行く道がないのです。

皆さんの生活の基盤の中に、神様の愛が流れてきて、一滴、一滴、落ちてこなければなりません。泉がわくのが理想ですが、もし、ポタポタと落ちてもこなければ、滅びていかなければなりません。愛の国の国籍から除去されなければならないのです。愛の伝統世界に違反した者として除去されるのです。

結婚すれば、皆さんの思いどおりにはできないのです。どこに行かなければなりませんか。神様の愛を受けるために行かなければなりません。

神様の愛に会おうとすれば、女性は男性と一つになり、男性は女性と一つにならなければなりません。そうしなければ、神様の愛に会う道がないのです。神様の愛に会うことにより、神様の隣に立つことができるのです。男性と女性は何を中心として一緒に立っているのかといえば、顔立ちでもって立っているのではありません。愛というものなのです。男性と女性、夫婦は愛のために存在するのです。

そのような愛を、神様はなぜアダムとエバに要求されたのでしょうか。神様がその愛を中心として、一つになることができるからです。それゆえ、夫婦の愛は、神様の愛を連結させるためのものなのです。それだけでなく、神様のもっているあらゆるものが、二人の所有権内に入ってくるのです。ですから、愛は驚くべきものなのです。同参的権威を許されると同時に、すべての所有権を伝授されるという、驚くべきものなのです。

それは、どういうことかというと、神様はアダムとエバを愛したので、御自身をアダムとエバに下さるのです。御自身を下さるだけではなく、理想的な愛までも私たちに任せるのです。ですから、そこに属するすべての宇宙は、自動的に伝授されるようになるのです。そのような相続圏が得られるのです。

それでは、人間が世界で一番になろうとする欲望は、何によって達成されるのでしょうか。お金でも、権力でもできません。ただ、愛のみが可能なのです。神様が立てておいた愛のみが可能なのです。私たちの本心は、神様の愛を中心として結束できる本然の性稟《せいひん》をもっているために、世界で一番になろうとするのです。

世界で一番になることとは何かといえば、神様が一番なのですが、その位置に上がっていくということなのです。上がっていって何をするのかといえば、神様の愛を中心として、宇宙を私のものにしようというのです。皆さんも、そういう欲望があるでしょう？　その欲望をすべて完成させるには、お金でも、知識でも、権力でもできないのです。ただ愛のみが可能にするのです。これが、統一教会の原理の神髄《しんずい》であり、人生哲学の根本です。（一九八六・四・一二）

7　地上天国を成すための生活姿勢

皆さんは結婚しますか。子供たちが必要ですか。（はい）。神様の愛を知り、父母の愛を知り、父母に侍るすべを知り、夫の愛を知り、夫に侍るすべを知り、子供の愛を知り、子供に侍るすべを知らなければなりません。子供に命令するだけでなく、子供に侍ることを知らなければならないのです。

でなければ、神様の愛を理解することができないのです。すべてが教材として必要なのです。子供がいなければ未完成であり、神様の愛を知ることはできないのです。神様が人間を子供として、どんなに愛してこられたのかが分からないのです。夫になってみなくては、妻の愛が分からず、妻になってみなくては、夫の愛が分からないのです。また、父母になってみなくては、父母の愛がどんなものか分からないのです。すべてが、それらを連帯的に分かるようにするための教材としてつくられているのです。皆さんは息子、娘がいなければ、真《まこと》の父母にはなれないのです。

ですから、本然の原則、規法に合格できる一級品になるためには、父母が必要であり、相対が必要であり、子供をもってこそ、神様の愛を体恤《たいじゅつ》できるのです。この宇宙がはんこを押してくれるのです。そうして、自然に天国に入っていくのです。

皆さん、自分が祝福家庭の息子であるといって、意地を張ってはなりません。お父さん、お母さんの立てた基準の上に立たなくてはなりません。皆さんの夫の先輩《せんぱい》となる人を見た時、夫以上に尊重し、彼らがみな、これから国家的基準で、み旨を成す忠臣《ちゅうしん》たちになるのだと考えなければなりません。

それを延長して、皆さんのおじいさん、おばあさんの年齢に当たる人たちには、おじいさん、おばあさん以上に侍る心で、皆さんの父母の年齢に当たる人たちには、父母に侍る以上の心で、皆さんの夫や妻の年齢に当たる人たちには、夫や妻以上に愛する心で、皆さんの子女と同じ年の子供たちには、子女以上の心で愛さなければなりません。

そうすれば、家庭では何もできないようでも、社会に出れば素晴らしい人になって戻ってくるのです。それが父母の願うことなのです。そのような思想を連結させなければなりません。

なぜ、そのようにしなければならないのかといえば、統一教会の思想が、個人は家庭のために犠牲になり、「ため」に生き、愛しながら生きなければならないからです。家庭は氏族のために生きなさいというみ旨があるので、世界の代表と同じ心をもち、「ため」に生きなければなりません。そのような心をもって、祖父母がそうで、父母がそうで、夫婦がそうで、息子、娘がそのようになる時、天上世界のどんな忠臣たちの位置へも、ためらうことなく行けるというのです。そうやって生きる所が地上天国なのです。（一九八四・七・一〇）

中高生のための訓読教材
二世たちの行く道　　定価（本体1,300円＋税）⑤

2005（平成17）年4月25日　初版　発行
2013（平成25）年4月25日　第４刷発行

編　著　者　世界基督教統一神霊協会
発　行　所　株式会社　光言社
〒150-0042　東京都渋谷区宇田川町37-18
電話代表（03）3467-3105
営　　業（03）3460-0429
http://www.kogensha.jp/

ISBN978-4-87656-304-3 C0014 ¥1300E